"十三五"国家重点图书出版规划项目

《医学·教育康复系列》丛书

组织单位

华东师范大学中国言语听觉康复科学与 ICF 应用研究院
华东师范大学康复科学系听力与言语康复学专业
华东师范大学康复科学系教育康复学专业
中国教育技术协会教育康复专业委员会
中国残疾人康复协会语言障碍康复专业委员会
中国优生优育协会儿童脑潜能开发专业委员会

总主编

黄昭鸣

副总主编

杜晓新　孙喜斌　刘巧云

编写委员会

主任委员

黄昭鸣

副主任委员（按姓氏笔画排序）

| 王　刚 | 刘巧云 | 孙喜斌 | 杜　青 | 杜　勇 | 杜晓新 |
| 李晓捷 | 邱卓英 | 陈文华 | 徐　蕾 | 黄鹤年 | |

执行主任委员

卢红云

委员（按姓氏笔画排序）

丁忠冰	万　萍	万　勤	王　刚	王勇丽	尹　岚
尹敏敏	卢红云	刘　杰	许文飞	孙　进	李　岩
李孝洁	杨　影	杨三华	杨闪闪	张　青	张　鹏
张志刚	张畅芯	张奕雯	张梓琴	张联弛	金河庚
周　静	周林灿	赵　航	胡金秀	高晓慧	曹建国
庚晓萌	宿淑华	彭　茜	葛胜男	谭模遥	

"十三五"国家重点图书出版规划项目

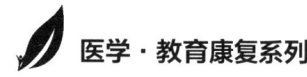

医学·教育康复系列

黄昭鸣　总 主 编
杜晓新　孙喜斌　刘巧云　副总主编

ICF 言语功能评估标准

王勇丽　黄昭鸣　邱卓英　著

ICF Criterion for Speech Assessment

南京师范大学出版社
NANJING NORMAL UNIVERSITY PRESS

图书在版编目（CIP）数据

ICF 言语功能评估标准 / 王勇丽, 黄昭鸣, 邱卓英著. —南京：南京师范大学出版社, 2020.8（2025.5 重印）
（医学·教育康复系列 / 黄昭鸣总主编）
ISBN 978-7-5651-4474-5

Ⅰ.①Ⅰ… Ⅱ.①王…②黄…③邱… Ⅲ.①言语障碍—评估—标准 Ⅳ.①G762.4-65

中国版本图书馆 CIP 数据核字（2020）第 195158 号

丛 书 名	医学·教育康复系列
总 主 编	黄昭鸣
副总主编	杜晓新　孙喜斌　刘巧云
书 名	ICF 言语功能评估标准
作 者	王勇丽　黄昭鸣　邱卓英
策划编辑	徐　蕾　彭　茜
责任编辑	彭　茜
出版发行	南京师范大学出版社
地 址	江苏省南京市玄武区后宰门西村 9 号（邮编：210016）
电 话	（025）83598919（总编办）　83598412（营销部）　83373872（邮购部）
网 址	http://press.njnu.edu.cn
电子信箱	nspzbb@njnu.edu.cn
照 排	南京凯建文化发展有限公司
印 刷	镇江文苑制版印刷有限责任公司
开 本	787 毫米 ×1092 毫米　1/16
印 张	15.75
字 数	258 千
版 次	2020 年 8 月第 1 版　2025 年 5 月第 4 次印刷
书 号	ISBN 978-7-5651-4474-5
定 价	48.00 元

出版人　张　鹏

南京师大版图书若有印装问题请与销售商调换
版权所有　侵犯必究

PREFACE

序

回顾我国言语听觉康复、教育康复行业从萌芽到发展的22年历程,作为一名亲历者,此时此刻,我不禁浮想联翩,感慨万千。曾记得,1996年11月,我应邀在美国出席美国言语语言听力协会(ASHA)会议并做主题报告,会后一位新华社驻外记者向我提问:"黄博士,您在美国发明了Dr.Speech言语测量和治疗技术,确实帮助欧洲、巴西、中国香港及一些发展中国家和地区推进了'言语听觉康复'事业的发展,您是否能谈谈我们祖国——中国内地该专业的发展情况?"面对国内媒体人士的热切目光,我竟一时语塞。因为我很清楚,当时,言语听觉康复专业在内地尚处一片空白。没有专家,不代表没有患者;没有专业,不代表没有需要。在此后的数天内,该记者的提问一直在耳畔回响,令我辗转反侧,夜不能寐。

经反复思量,我做出了决定:立即回国,用我所学所长,担当起一个华人学子应有的责任。"明知山有虎,偏向虎山行",哪管他前路漫漫、困难重重。我满怀一腔热忱,坚定报国的决心——穷毕生之力,为祖国言语听觉康复的学科建设,为障碍人群的言语康复、听觉康复、教育康复事业尽自己的一份绵薄之力。

如今,我回国效力已22载,近来,我时常突发奇想:如果能再遇到当年的那位记者,我一定会自豪地告诉他,中国内地的言语听觉康复、教育康复事业已今非昔比,正如雨后春笋般繁茂、茁壮地成长……

20多年的创业,历尽坎坷,饱尝艰辛。但我和我的团队始终怀着"科学有险阻,苦战能过关"的信念,携手奋进,在学科建设、人才培养、科学研究与社会服务、文化传承与创新等方面取得了众多骄人的成绩。2004年,华东师范大学在一级学科教育学下创建了"言语听觉科学专业"。2009年,成立了中国内地第一个言语听觉康复科学系,同年,建立了第一个言语听觉科学教育部重点实验室。2012年9月,教育部、中央编办等五部委联合下发《关于加强特殊教育教师队伍建设的意见》(教师〔2012〕12号),文件提出:"加强特殊教育专业建设,拓宽专业领域,扩大培养规模,满足特殊教育事业发展需要。改革培养模式，积极支持高等师范院校与医学院校合作，促进学科交叉，培养具有复合型知识技能的特殊教育教师、康复类专业技术人才。"经教育部批准，2013年华东师范大学在全国率先成立"教育康复学专业"（教育学类，专业代码040110TK）。

2020年华东师范大学增设"听力与言语康复学专业"（医学类，专业代码101008T），这是华东师范大学开设的首个医学门类本科专业。听力与言语康复学专业旨在通过整合华东师范大学言语听觉科学、教育康复学、认知心理学、生命科学等学科领域的优质师资力量，建设高品质言语语言与听觉康复专业，培养适应我国当代言语语言听觉康复事业发展需要的，能为相关人群提供专业预防、评估、诊断、治疗与康复咨询服务的复合型应用人才，服务"健康中国"战略。

一门新学科的建立与发展，必然面临许多新挑战，这些挑战在理论和临床上都需要我们一起面对和攻克。据2011年全国人口普查数据显示，我国需要进行言语语言康复的人群高达3000多万。听力与言语康复专业立足言语听力障碍人群的实际需求，秉持"医工结合、智慧康复"的原则，紧跟国际健康理念的发展，以世界卫生组织提出的《国际疾病分类》（ICD）和《国际功能、残疾和健康分类》（ICF）理念为基础，构建听力与言语康复评估和治疗标准，为医院康复医学科及临床各科，诸如神经内科、耳鼻咽喉头颈外科、儿科、口腔科等伴随言语语言听力障碍的人群提供规范化的康复治疗服务。最令我感到自豪的是：2013年，我们研究团队申报的"言语听觉障碍儿童康复技术及其示范应用"科研成果，荣获上海市科学技术奖二等奖。

教育康复学专业是我国高等教育改革的产物，它不仅符合当前"健康中国"的发展思路，符合特殊教育实施"医教结合、综合康复"的改革思路，而且符合新形势下康复医学、特殊教育对人才培养的需求。专业的设置有助于发展医疗机构（特别是妇幼保健系统）的康复教育模式，更有助于发展教育机构（特别是学前融合教育机构）的康复治疗模式。2015年，我们研究团队申报的"基于残障儿童综合康复理论的康复云平台的开发与示范应用"科研成果，再次荣获上海市科学技术奖二等奖。

在新学科建设之初，我们就得到各级政府与广大同仁的大力支持。2013年，教育部中国教师发展基金会筹资680万元，资助听力与言语康复学和教育康复学专业建设。本丛书既是听力与言语康复学和教育康复学专业建设的标志性成果，也是华东师范大学、上海中医药大学等研究团队在20多年探索实践与循证研究基础上形成的原创性成果，该成果集学术性、规范性、实践性为一体。丛书编委会与南京师范大学出版社几经磋商，最终确定以"医学·教育康复"这一跨学科的新视野编撰本套丛书。作为"十三五"国家重点图书出版规划项目，本套丛书注重学术创新，体现了较高的学术水平，弥补了"医学·教育康复"领域研究和教学的不足。我相信，丛书的出版对于构建中国特色的"医学·教育康复"学科体系、学术体系、话语体系等具有重要价值。

全套丛书分为三大系列，共22分册。其中："理论基础系列"包括《教育康复学概论》《嗓音治疗学》《儿童构音治疗学》《运动性言语障碍评估与治疗》《儿童语言康复学》《儿童认知功能评估与康复训练》《情绪与行为障碍的干预》《儿童康复听力学》《儿童运动康复学》9分册。该系列以对象群体的生理、病理及心理发展特点为理论基础，分别阐述其在言语、语言、认知、听觉、情绪、运动等功能领域的一般发展规律，系统介绍评估原理、内容、方法和实用的训练策略。

"标准、实验实训系列"为实践应用部分，包括《ICF言语功能评估标准》《综合康复实验》《嗓音治疗实验实训》《儿童构音治疗实验实训》《运动性言语障碍治疗实验实训》《失语症治疗实验实训》《儿童语言治疗实验实训》《普通话儿童语言能力临床分级评估指导》《认知治疗实验实训》《情绪行为干预实验实训》10分册。该系列从宏观上梳理残障群体教育康复中各环节的标准和实验实训问题，为教育工作者和学生的教学、实践提供详细方案，以期为"医学·教育康复"事业的发展拓清道路。该系列经世界卫生组织国际分类家族（WHO-FIC）中国合作中心下的中国言语听觉康复科学与ICF应用研究院授权，基于ICF框架，不仅在理念上而且在实践上都具有创新性。该系列实验实训内容是中国言语康复对标国际，携手全球同行共同发展的标志。

"儿童综合康复系列"为拓展部分，包括《智障儿童教育康复的原理与方法》《听障儿童教育康复的原理与方法》《孤独症儿童教育康复的原理与方法》3分册。该系列选取最普遍、最典型、最具有教育康复潜力的三类残障儿童，根据其各自的特点，整合多项功能评估结果，运用多种策略和方法，对儿童实施协调、系统的干预，以帮助残障儿童实现综合康复的目标。各册以"医教结合、综合康复"理念为指导，注重原理与方法的创新，系统介绍各类残障儿童的特点，以综合的、融合的理念有机处理各功能板块之间的关系，最终系统制订个别化干预计划，并提供相关服务。

在丛书的编写过程中，我们始终秉承"言之有据、操之有物、行之有效"的学科理念，注重理论与实践相结合、康复与教育相结合、典型性与多样性相结合，注重学科分领域的互补性、交叉性、多元性与协同性，力求使丛书具备科学性、规范性、创新性、实操性。

本套丛书不仅可以作为"医学类"听力与言语康复学、康复治疗学等专业的教材，同时也可以作为"教育学类"教育康复学、特殊教育学等专业的教材；既可供听力与言语康复学、康复治疗学、教育康复学、特殊教育学、言语听觉康复技术等专业在读的专科生、本科生、研究生学习使用，也可作为医疗机构和康复机构的康复治疗师、康复医师、康复教师和护士的临床工作指南。本套丛书还可作为言语康复技能认证的参考书，包括构音 ICF-PCT 疗法认证、言语嗓音 ICF-RFT 疗法认证、孤独症儿童 ICF-ESL 疗法认证、失语症 ICF-SLI 疗法认证等。

  全体医疗康复和教育康复的同仁，让我们谨记："空谈无益，实干兴教。"希望大家携起手来，脚踏实地，求真务实，为中国康复医学、特殊教育的美好明天贡献力量！

博士（美国华盛顿大学）
华东师范大学中国言语听觉康复科学与 ICF 应用研究院院长
华东师范大学听力与言语康复学专业教授、博导
华东师范大学教育康复学专业教授、博导

2020 年 7 月 28 日

前言

FOREWORD

2001年5月22日，世界卫生组织（World Health Organization，WHO）所有的成员国在第54届世界卫生大会上一致通过了《国际功能、残疾和健康分类》（International Classification of Functioning，Disability and Health，简称ICF），文件从残疾人融入社会的角度出发，对个人的健康状态进行全面的分类，符合"生物—心理—社会"新健康模式。ICF提供了一套标准化的通用语言，使全世界不同学科和领域能够在同一术语平台上进行有关健康和保健信息的交流。本书主要是在ICF架构下开发言语障碍ICF标准化测量工具，形成ICF言语功能评估标准临床应用手册。

值华东师范大学中国言语听觉康复科学与ICF应用研究院获得世界卫生组织国际分类家族合作中心（WHO-FIC合作中心）授权进行"ICF言语语言康复、教育康复、听力听觉康复、特殊教育"领域的评估标准构建，以及研究院进行ICF言语康复示范中心资格认证之际，本团队特聘请邱卓英教授指导并参与本书的编写工作，旨在提高国内言语治疗师的专业技术水平和规范言语治疗师的临床操作技能。

本书共五章，主要对ICF言语功能核心分类组合、ICF言语语言功能评估、ICF言语语言治疗、ICF言语语言障碍精准康复规范和临床应用案例等方面的内容进行了系统介绍。第一章主要介绍了ICF的结构和编码，以及ICF类目功能描述。第二章主要介绍了言语语言障碍ICF核心分类组合的类目、类目对应的测量评估指标、指标的测量方法和工具等内容。第三章主要介绍了ICF言语语言治疗计划的制订、康复训练的工具和方法，为具体康复治疗提供依据。第四章主要介绍了ICF言语语言障碍精准康复规范，以及保障康复训练实施的建议。第五章主要展示了不同障碍类型的患者接受ICF临床评估和治疗的案例示范。以上章节系统地介绍了如何进行ICF言语语言障碍的临床操作，所有流程和步骤已在上海小小虎发展中心、上海阿伊屋言语发展中心和湖南省岳阳市妇幼保健院进行了临床示范和应用。

感谢美国爽琅言语有限公司（Bright Speech International, Inc.）、美国泰亿格公司（Tiger DRS, Inc.）对本项目的技术和资金支持。感谢中国残疾人康复协会、中国康复医学会、中国教育技术协会、上海康复医学会为本项目提供的平台支持和宣传。感谢上海交通大学医学院附属新华医院、上海中医药大学附属岳阳中西医结合医院、上海长海医院、复旦大学附属华山医院、上海市五官科医院、上海市第一人民医院、上海市第六人民医院、上海小小虎发展中心、上海阿伊屋言语发展中心和岳阳市妇幼保健院对本项目的临床实践支持和建议。感谢邱卓英教授在本项目执行的全过程中给予的指导和建议。感谢本书所有编者的辛苦劳动。

限于作者水平，书中难免有不当之处，恳请读者见谅并给予批评、指正。

2020 年 3 月 28 日

目 录

第一章 ICF 言语功能核心分类组合 — 001

第一节 ICF 结构和编码 — 003
一、分类的结构和编码 — 004
二、ICF 限定值 — 004

第二节 ICF 类目功能描述 — 006
一、功能水平描述 — 006
二、问题描述 — 008

第二章 ICF 言语语言功能评估 — 009

第一节 基于 ICF 的言语语言功能评估 — 011
一、b310 嗓音功能 — 022
二、b320 构音功能 — 023
三、b330 言语的流利和节律功能 — 024
四、b167 语言精神功能 — 025
五、认知功能 — 026

第二节 基于ICF的言语语言评估工具及方法

- 028 一、言语障碍测量仪软件
- 032 二、嗓音功能测量仪软件
- 035 三、鼻音障碍测量与训练仪软件
- 036 四、构音障碍测量与康复训练仪软件
- 040 五、早期言语障碍评估与干预仪软件
- 043 六、语言认知评估训练与沟通仪软件——失语症评估系统
- 047 七、认知能力评估与康复训练仪软件
- 049 八、ICF转换器

051 第三章 ICF言语语言治疗

第一节 基于ICF的言语语言治疗计划与疗效评价

- 053 一、基于ICF的言语语言治疗计划
- 062 二、基于ICF的言语语言功能治疗表
- 076 三、基于ICF的言语语言疗效评价

084 第二节 基于ICF的言语语言康复训练工具及方法

- 084 一、言语矫治仪软件
- 087 二、言语重读干预软件
- 091 三、构音障碍测量与康复训练仪软件
- 096 四、口部构音运动训练器
- 097 五、早期语言障碍评估与干预仪软件
- 100 六、语言认知评估训练与沟通仪软件——失语症训练系统
- 102 七、认知能力评估与康复训练仪软件

第四章 ICF 言语语言障碍精准康复规范 — 107

第一节 嗓音功能精准康复 — 109
一、不同障碍类型嗓音功能康复重点 — 109
二、言语嗓音功能精准康复 — 111

第二节 构音语音功能精准康复 — 118
一、不同障碍类型构音语音功能精准康复重点 — 118
二、构音语音功能精准康复 — 119

第三节 语言功能精准康复 — 130
一、儿童语言功能精准康复 — 130
二、成人语言功能精准康复 — 133

第四节 认知功能精准康复 — 140

第五节 保障康复训练实施的建议 — 144
一、康复师资配备 — 144
二、康复资源利用和开发 — 144
三、管理机制 — 145

第五章 临床应用案例 — 147

第一节 言语功能 ICF 核心分类组合在神经性言语障碍中的应用 — 149
第二节 言语功能 ICF 核心分类组合在失语症中的应用 — 168
第三节 言语功能 ICF 核心分类组合在脑瘫儿童中的应用 — 183
第四节 言语功能 ICF 核心分类组合在发育迟缓儿童言语语言障碍中的应用 — 198
第五节 言语功能 ICF 核心分类组合在发育迟缓儿童认知障碍中的应用 — 209
第六节 言语功能 ICF 核心分类组合在听障儿童嗓音与言语障碍中的应用 — 222

232 **主要参考文献**

- 232 一、中文文献
- 235 二、英文文献

第一章 ICF 言语功能核心分类组合

ICF 结构和编码

PART 1
第一节

功能（functioning）是《国际功能、残疾和健康分类》（简称 ICF）的基础。世界卫生组织根据功能明确了残疾的定义，残疾是指某一领域内从功能完全具备到完全缺失范围之间某一个确定临界值之下的功能水平。

多数临床医生熟悉使用《国际疾病分类》（International Classfication of Diseases，简称 ICD）诊断并描述健康状况。而 ICF 正逐步应用于康复治疗临床实践，它的核心分类组合用于描述功能和残疾状况，联合使用 ICD 和 ICF 可以有效发挥两大分类的协同效应。本书主要讨论 ICF 言语康复治疗核心分类组合（身体功能部分）在言语功能障碍临床中的应用，确保获得言语诊断和个人健康生活体验的完整信息，以便最大限度地理解言语疾病对健康状况的实际影响。

在言语康复临床实践中，通过选择与特定健康状况、状况群、卫生保健情境相关的 ICF 类目，可以帮助卫生专业人员全面综合评定患者言语功能的各个方面。然而，在临床实践中，使用世界卫生组织提出的功能概念面临着收集和分析描述性数据的挑战。

在个体和群体两个水平上，言语功能部分描述了三大公共卫生战略：康复、治疗和预防。ICF 言语功能核心类目评估指标可以作为康复和治疗的主要指标或作为预防的相关指标。ICF 框架下的言语功能的评估是一个标准化过程，有规范的操作流程和客观、量化的常模，不仅可用于阶段性评估，反映整体言语功能情况，还可以作为过程性评估来指导言语康复训练，真正落实精准康复的理念。

数字资源

ICF 是什么？

数字资源

ICF 全面阐释了何为健康

数字资源

ICF 言语语言障碍整体解决方案

一、分类的结构和编码

在 ICF 的所有分类成分中，章代表第一级水平（如：b3 嗓音和言语）。为了编码，每一章又进一步分为二级（如：b330 言语流利和节律功能）、三级（如：b3302 语速）和四级水平类目，如表 1-1-1 中的例子所示。

表 1-1-1　ICF 言语功能编码

第三章　b3 嗓音和言语（Voice and speech functions）
b310 嗓音功能（Voice functions）
b3100 嗓音产生（Production of voice）
b3101 嗓音音质（Quality of voice）
b320 构音功能（Articulation functions）
b330 言语流利和节律功能（Fluency and rhythm of speech functions）
b3300 言语流利（Fluency of speech）
b3301 言语节律（Rhythm of speech）
b3302 语速（Speed of speech）
b3303 语调（Melody of speech）

二、ICF 限定值

在所有功能（身体功能、身体结构、活动和参与）的成分中，第一级限定值描述了功能障碍的严重程度，更确切地讲，它定义了整个功能的状态，从功能完全健全（没问题）到完全残疾（完全问题），包括轻度、中度和重度残疾。功能中的"没问题"表示不存在该问题，即处于最佳、完全甚至超常的功能状态。在环境因素中，第一个限定值表明环境因素对于功能的积极（有利）或消极（障碍）影响。由于某一环境因素对功能产生负面影响（例如很差的空气质量对呼吸的影响）或该因素缺失（例如缺少完成家务的支持）继而产生障碍。在某些情况下，如果缺少信息或者选择的 ICF 类目不合适而无法对功能、残疾水平以及环境障碍进行评估，此时，可使用编码 8 和 9。对于所有的成分而言，有关功能和残疾水平的描述采用下列通用度量方法。

身体功能（b）和身体结构（s）受损程度、活动和参与使用下列度量表记录。

0 – 没有损伤（无，缺乏，微不足道……），0—4%。

1 – 轻度损伤（略有一点，很低……），5%—24%。

2 – 中度损伤（中度程度，一般……），25%—49%。

3 – 重度损伤（很高，非常……），50%—95%。

4 – 完全损伤（全部……），96%—100%。

8 – 未特指（所获得的信息不足以定量问题的严重性）。

9 – 不适用（如项目 d760 的家庭关系，不适用于没有家庭的患者）。

ICF 是描述功能和残疾的国际分类标准和工具，应用 ICF 有利于数据的标准化，并且便于数据的收集和比较。依据 ICF 提供的康复周期，言语康复流程分为四步：评估（Assessment）→制订治疗计划（Assignment）→干预（Intervention）→疗效评价（Evaluation）。为保证每个步骤的顺利实施，需要开发实用的评估和训练工具，记录整个治疗过程和监控治疗效果，提供基于 ICF 的嗓音和言语功能精准评估表、嗓音和言语治疗计划表、长期目标监控表、短期目标监控表，以及训练内容和实时监控表等文件。

第二节 ICF 类目功能描述

一、功能水平描述

临床实践中，在条件允许的情况下，可以使用下述来源的信息描述功能状态。

（一）病历

患者入院后，医务人员要完成病历书写，并且在治疗过程中也要按时记录病程。可以通过询问患者、家庭成员、照顾者和其他人员，获得患者的基本病史情况。此外，也可从患者既往医疗档案或其他文件中获得信息。病历包含患者关于自身功能水平的观点以及客观的信息。在书写病历时，ICF 核心分类组合可以从患者和卫生专业人员的角度分别指导描述功能状态。

（二）问卷调查

问卷调查以书面化标准问卷的形式获取信息，以帮助更好地理解患者的功能经历。问卷调查涉及患者的生活质量。问卷调查结果可以评定功能问题的严重程度或环境中的有利或障碍因素的影响程度。问卷中的单独条目提供了描述 ICF 类目的信息。

（三）临床检查

在某些功能领域，需要通过临床检查收集数据，经常采用如下方式。

1. 标准化评估方式

如使用构音障碍康复训练仪（医疗器械分类目录 19 01 04）来评估 b320 构音功能相关类目，使用语音障碍康复训练仪（医疗器械分类目录 19 01 04）来评估语音功能以及嗓音、构音功能相关类目，使用认知能力测试与训练仪（医疗器械分类目录 19 01 01）来评估认知相关类目，使用听觉康复训练仪（医疗器械分类目录 19 01 02）来评估听觉相关类目。

2. 综合化评估方式

与问卷调查一样，专家可采用如简易构音语音功能评估、听觉能力评估、语言能力评估量表，应用经验性原则，将综合的标准化评估中获取的信息对应到相应的 ICF 类目。

对于缺乏标准化测量方法的 ICF 类目，如果通过患者陈述也无法获得类目信息，视诊或观察法可能是获得信息的替代方法。此外，在实践中，由于标准化评估非常耗时，专家们有时更倾向于通过视诊收集临床信息。尽管视诊更加依赖于临床经验，但是对于问题的评定也是合理可行的。

（四）医技检查

医技检查是对临床检查的补充，指通过磁共振，或者言语障碍测量设备（医疗器械分类目录 07 09 05）、电声门图仪（医疗器械分类目录 07 05 02）、肌电图等专业设备开展的检查，以便完善临床诊断。

为了将问卷调查、临床检查及医技检查中获取的信息对应到相应的 ICF 类目，使用者可以按照一定的规则进行 ICF 限定值转换。

二、问题描述

（一）评定

在制订干预计划、进行临床监测和结局评估时，评估结果的记录非常重要。但如果评估结果的描述过于专业化，其他领域的专业人员可能很难理解。为了评估残疾等级，可以使用ICF限定值作为通用的等级表。

（二）ICF限定值的使用

ICF限定值系统可对总体功能信息进行汇总评估。大多数情况下，使用ICF限定值评定第二级或更详细水平的类目。而在一些ICF核心分类组合中，也应用ICF限定值评定第一级类目（章）和模块类目。对于临床医生和治疗师而言，对章和模块类目的量化可能存在困难，因为把不同功能领域的信息整合为单独的ICF限定值具有一定难度。每条ICF类目可以应用限定值1—4评定残疾水平（身体结构评估中主要指残疾的性质和部位）。所有组成部分至少使用第一级限定值，为了提供更丰富的信息，可以根据不同的成分使用附加限定值。

第二章

ICF 言语语言功能评估

第一节 基于 ICF 的言语语言功能评估

基于 ICF 的言语语言功能类目主要为 ICF 中身体功能的第三章发声和言语功能的类目。可针对言语障碍患者的康复需求，选择部分语言和认知的类目作为增补内容，具体可根据每个患者的实际情况进行类目的选择。每个类目需要选用适当的测量参数或评估工具，来对限定值进行判断，如表 2-1-1。基于 ICF 的言语语言功能报告显示了简易版的言语语言功能评估结果，仅呈现患者的基本信息、ICF 类目和对应的评估指标，便于给患者打印报告和将病例存档，如表 2-1-2。

表 2-1-1 基于 ICF 的言语语言功能评估表

医院 / 康复机构 / 特殊教育学校 / 资源中心
患者基本信息
姓　名:_____　出生日期:_____　性别:□男 □女 检查者:_____　评估日期:_____　编号:_____ 类型:□ 智障_____ □ 听障_____ □ 脑瘫_____ □ 自闭症_____ □ 发育迟缓_____ 　　　□ 失语症_____ □ 神经性言语障碍（构音障碍）_____ 　　　□ 言语失用症_____ □ 其他_____ 主要交流方式:□ 口语 □ 图片 □ 肢体动作 □ 基本无交流 听力状况:□ 正常 □ 异常　听力设备:□ 人工耳蜗 □ 助听器　补偿效果_____ 进食状况:_____ 言语、语言、认知状况:_____ 口部触觉感知状况:_____

身体功能,即人体系统的生理功能损伤程度			无损伤	轻度损伤	中度损伤	重度损伤	完全损伤	未特指	不适用
言语嗓音功能评估表									
			0	1	2	3	4	8	9
b3100	嗓音产生 (Production of voice)	最长声时（MPT）	□	□	□	□	□	□	□

续表

身体功能，即人体系统的生理功能损伤程度			无损伤	轻度损伤	中度损伤	重度损伤	完全损伤	未特指	不适用
		言语嗓音功能评估表							
			0	1	2	3	4	8	9
b3100	嗓音产生 (Production of voice)	最大数数能力（cMCA）	□	□	□	□	□	□	□
		言语基频（F_0）	□	□	□	□	□	□	□
		基频震颤（F_0t）	□	□	□	□	□	□	□
		频段能量集中率（Ec）	□	□	□	□	□	□	□
		声带接触率（CQ）	□	□	□	□	□	□	□
		接触率微扰（CQP）	□	□	□	□	□	□	□
	通过喉及其周围肌肉与呼吸系统配合产生声音的功能，包括发声功能，音调、响度功能。功能受损时表现为失声、震颤、发声困难等。									
	信息来源：□ 病史　□ 问卷调查　□ 临床检查　□ 医技检查									
	问题描述：									
b3101	嗓音音质 (Quality of voice)	基频微扰（Jitter）（粗糙声）	□	□	□	□	□	□	□
		声门噪声（NNE）（气息声）	□	□	□	□	□	□	□
		幅度微扰（Shimmer）（嘶哑声）	□	□	□	□	□	□	□
		共振峰频率（F_2/i/）（后位聚焦）	□	□	□	□	□	□	□
		共振峰频率（F_2/u/）（前位聚焦）	□	□	□	□	□	□	□
		共振峰频率扰动（F_2f）	□	□	□	□	□	□	□
		鼻流量（NL）	□	□	□	□	□	□	□
		鼻口腔共鸣比（NOR）	□	□	□	□	□	□	□

续表

身体功能，即人体系统的生理功能损伤程度			无损伤	轻度损伤	中度损伤	重度损伤	完全损伤	未特指	不适用
言语嗓音功能评估表									
b3101	产生嗓音特征的功能，包括谐波特征、共鸣和其他特征。 功能受损时表现为鼻音功能亢进或鼻音功能低下，发声困难，声带紧张，嘶哑声或粗糙声、气息声等。									
	信息来源：☐ 病史　☐ 问卷调查　☐ 临床检查　☐ 医技检查									
	问题描述：									
构音语音功能评估表									
			0	1	2	3	4	8	9
b320	构音功能 （Articu-lation functions）	声母音位习得	☐	☐	☐	☐	☐		☐
		声母音位对比	☐	☐	☐	☐	☐		☐
		构音清晰度	☐	☐	☐	☐	☐		☐
		口部感觉	☐	☐	☐	☐	☐		☐
		下颌运动	☐	☐	☐	☐	☐		☐
		唇运动	☐	☐	☐	☐	☐		☐
		舌运动	☐	☐	☐	☐	☐		☐
	产生言语声的功能，包含构音清晰功能、构音音位习得功能。 功能受损时表现为痉挛型、运动失调型、弛缓型神经性言语障碍等神经损伤导致的构音障碍。 不包含语言精神功能（b167）、嗓音功能（b310）。									
	信息来源：☐ 病史　☐ 问卷调查　☐ 临床检查　☐ 医技检查									
	问题描述：									
			0	1	2	3	4	8	9
b3300	言语流利 （Fluency of speech）	口腔轮替运动 — 音节时长	☐	☐	☐	☐	☐		☐
		口腔轮替运动 — 浊音时长	☐	☐	☐	☐	☐		☐
		口腔轮替运动 — 停顿时长	☐	☐	☐	☐	☐		☐
		连续语音能力 — 音节时长	☐	☐	☐	☐	☐		☐
		连续语音能力 — 停顿时长	☐	☐	☐	☐	☐		☐
	产生流利、无中断的连续言语的功能，包括言语平滑连接的功能。 功能受损时表现为口吃、迅吃、不流利，在声音、词语（音节）或部分词语（音节）的重复，不规则的言语中断等障碍。									

续表

身体功能，即人体系统的生理功能损伤程度			无损伤	轻度损伤	中度损伤	重度损伤	完全损伤	未特指	不适用
\multicolumn{10}{c}{构音语音功能评估表}									
b3300	\multicolumn{9}{l}{信息来源：□ 病史　□ 问卷调查　□ 临床检查　□ 医技检查}								
	\multicolumn{9}{l}{问题描述：}								
			0	1	2	3	4	8	9
b3301	言语节律（Rhythm of speech）	幅度标准差	□	□	□	□	□	□	□
		重音音节总时长	□	□	□	□	□	□	□
		重音出现率	□	□	□	□	□	□	□
	\multicolumn{9}{l}{言语中的节奏和重音模式及其模式调节功能。功能受损时表现为言语韵律刻板、重复等。}								
	\multicolumn{9}{l}{信息来源：□ 病史　□ 问卷调查　□ 临床检查　□ 医技检查}								
	\multicolumn{9}{l}{问题描述：}								
			0	1	2	3	4	8	9
b3302	语速（Speed of speech）	口腔轮替运动 — 言语速率	□	□	□	□	□	□	□
		口腔轮替运动 — 浊音速率	□	□	□	□	□	□	□
		连续语音能力 — 言语速率	□	□	□	□	□	□	□
		连续语音能力 — 构音速率	□	□	□	□	□	□	□
	\multicolumn{9}{l}{言语产生速率的功能。相关障碍如迟语症和急语症。}								
	\multicolumn{9}{l}{信息来源：□ 病史　□ 问卷调查　□ 临床检查　□ 医技检查}								
	\multicolumn{9}{l}{问题描述：}								
			0	1	2	3	4	8	9
b3303	语调（Melody of speech）	言语基频标准差	□	□	□	□	□	□	□
		言语基频动态范围	□	□	□	□	□	□	□
		基频突变出现率	□	□	□	□	□	□	□
	\multicolumn{9}{l}{言语中音调模式的调节功能，包括言语韵律、语调、言语旋律。功能受损时表现为如言语平调、音调突变等。}								
	\multicolumn{9}{l}{信息来源：□ 病史　□ 问卷调查　□ 临床检查　□ 医技检查}								
	\multicolumn{9}{l}{问题描述：}								

续表

身体功能，即人体系统的生理功能损伤程度			无损伤	轻度损伤	中度损伤	重度损伤	完全损伤	未特指	不适用
语言功能评估表									
			0	1	2	3	4	8	9
b16700	口语理解（儿童）	词语理解	□	□	□	□	□	□	□
		词组理解	□	□	□	□	□	□	□
		句子理解	□	□	□	□	□	□	□
	对口语信息进行解码以获得其含义的精神功能。									
	信息来源：□ 病史　□ 问卷调查　□ 临床检查　□ 医技检查									
	问题描述：									
			0	1	2	3	4	8	9
b16710	口语表达（儿童）	词语命名	□	□	□	□	□	□	□
		双音节词时长（2cvT）	□	□	□	□	□	□	□
		双音节词基频（2cvF$_0$）	□	□	□	□	□	□	□
		词组仿说	□	□	□	□	□	□	□
		句式仿说	□	□	□	□	□	□	□
		看图叙事	□	□	□	□	□	□	□
	产生有意义的口语信息所必需的精神功能。									
	信息来源：□ 病史　□ 问卷调查　□ 临床检查　□ 医技检查									
	问题描述：									
b16700	口语理解（成人）	听觉理解	□	□	□	□	□	□	□
	对口语信息进行解码以获得其含义的精神功能。									
	信息来源：□ 病史　□ 问卷调查　□ 临床检查　□ 医技检查									
	问题描述：									
b16701	书面语理解（成人）	视觉理解	□	□	□	□	□	□	□
	对书面语言信息进行解码以获得其含义的精神功能。									
	信息来源：□ 病史　□ 问卷调查　□ 临床检查　□ 医技检查									
	问题描述：									

续表

身体功能,即人体系统的生理功能损伤程度			无损伤	轻度损伤	中度损伤	重度损伤	完全损伤	未特指	不适用
语言功能评估表									
			0	1	2	3	4	8	9
b16708	其他特指的语言理解	右脑功能	□	□	□	□	□	□	□
	主要包括情绪辨别、图形匹配和隐喻句理解能力。									
	信息来源：□ 病史　□ 问卷调查　□ 临床检查　□ 医技检查									
	问题描述：									
b16710	口语表达（成人）	词语命名	□	□	□	□	□	□	□
		简单复述	□	□	□	□	□	□	□
		词语复述	□	□	□	□	□	□	□
		双音节词时长（2cvT）	□	□	□	□	□	□	□
		双音节词基频（2cvF$_0$）	□	□	□	□	□	□	□
		句子复述	□	□	□	□	□	□	□
		句子时长	□	□	□	□	□	□	□
		句子基频	□	□	□	□	□	□	□
		系列言语	□	□	□	□	□	□	□
		口语描述	□	□	□	□	□	□	□
		朗读	□	□	□	□	□	□	□
	产生有意义的口语信息所必需的精神功能。									
	信息来源：□ 病史　□ 问卷调查　□ 临床检查　□ 医技检查									
	问题描述：									
b16711	书面语表达（成人）	书写	□	□	□	□	□	□	□
	产生有意义的书面语信息所必需的精神功能。									
	信息来源：□ 病史　□ 问卷调查　□ 临床检查　□ 医技检查									
	问题描述：									

续表

身体功能，即人体系统的生理功能损伤程度			无损伤	轻度损伤	中度损伤	重度损伤	完全损伤	未特指	不适用
语言功能评估表									
			0	1	2	3	4	8	9
b16713	姿势语表达（成人）	肢体语言	□	□	□	□	□	□	□
	通过手势或其他肢体动作产生有意义的肢体语言信息所必需的精神功能。									
	信息来源：□ 病史　□ 问卷调查　□ 临床检查　□ 医技检查									
	问题描述：									
认知功能评估表									
			0	1	2	3	4	8	9
b1561	视觉	颜色	□	□	□	□	□	□	□
		图形	□	□	□	□	□	□	□
		数字	□	□	□	□	□	□	□
		时间	□	□	□	□	□	□	□
		空间	□	□	□	□	□	□	□
		物体的量	□	□	□	□	□	□	□
	涉及辨别形状、大小、颜色和其他视觉刺激的精神功能。									
	信息来源：□ 病史　□ 问卷调查　□ 临床检查　□ 医技检查									
	问题描述：									
			0	1	2	3	4	8	9
b163	基础认知	图形推理	□	□	□	□	□	□	□
	涉及获取物体、事件和经历的知识的精神功能。组织及应用那些需要心理活动的任务和知识。包括认知发展的功能、推理功能；不包括高水平认知功能。									
	信息来源：□ 病史　□ 问卷调查　□ 临床检查　□ 医技检查									
	问题描述：									
			0	1	2	3	4	8	9
b1400	保持注意力	空间次序	□	□	□	□	□	□	□

续表

身体功能，即人体系统的生理功能损伤程度	无损伤	轻度损伤	中度损伤	重度损伤	完全损伤	未特指	不适用
认知功能评估表							
		0	1	2	3	4	8	9
b1400	在要求的时间段内将注意力集中的精神功能。							
	信息来源：□ 病史　□ 问卷调查　□ 临床检查　□ 医技检查							
	问题描述：							
			0	1	2	3	4	8	9
b1440	短时记忆力	动作序列	□	□	□	□	□	□	□
	产生大约可存储 30 秒的一种瞬间、可被中断的记忆的精神功能，如果不能巩固进入长时记忆，信息就会被遗忘。								
	信息来源：□ 病史　□ 问卷调查　□ 临床检查　□ 医技检查								
	问题描述：								
			0	1	2	3	4	8	9
b1441	长时记忆	逻辑类比	□	□	□	□	□	□	□
	产生一种记忆系统的精神功能，它可以把短时记忆以及对过去事件的情景性记忆和对语言及事实的语义性记忆信息长时间存储。								
	信息来源：□ 病史　□ 问卷调查　□ 临床检查　□ 医技检查								
	问题描述：								
			0	1	2	3	4	8	9
b1565	视觉空间觉	目标辨认	□	□	□	□	□	□	□
	涉及通过观察物体在环境中或与自身的相对位置从而做出辨别的精神功能。								
	信息来源：□ 病史　□ 问卷调查　□ 临床检查　□ 医技检查								
	问题描述：								

注：b3300 言语流利项目中口腔轮替运动的评估，应选择患者能完成的单音节或双音节、三音节的其中某个音节（如 /pa/ 或 /taka/）来进行评估并在表格中进行勾选。例如，单音节：□ /pa/ □ /ta/ □ /ka/；双音节：□ /pata/ □ /paka/ □ /taka/；三音节：□ /pataka/。

表 2-1-2　基于 ICF 的言语语言功能报告（简易版）

医院 / 康复机构 / 特殊教育学校 / 资源中心								
患者基本信息								
姓　名：_____　出生日期：_____　性别：□ 男 □ 女								
检查者：_____　评估日期：_____　编号：_____								

身体功能，即人体系统的生理功能损伤程度			无损伤	轻度损伤	中度损伤	重度损伤	完全损伤	未特指	不适用
			0	1	2	3	4	8	9
b3100	嗓音产生	最长声时（MPT）	□	□	□	□	□	□	□
		最大数数能力（cMCA）	□	□	□	□	□	□	□
		言语基频（F_0）	□	□	□	□	□	□	□
		基频震颤（F_0t）	□	□	□	□	□	□	□
		频段能量集中率（Ec）	□	□	□	□	□	□	□
		声带接触率（CQ）	□	□	□	□	□	□	□
		接触率微扰（CQP）	□	□	□	□	□	□	□
b3101	嗓音音质	基频微扰（Jitter）（粗糙声）	□	□	□	□	□	□	□
		声门噪声（NNE）（气息声）	□	□	□	□	□	□	□
		幅度微扰（Shimmer）（嘶哑声）	□	□	□	□	□	□	□
		共振峰频率（$F_2/i/$）（后位聚焦）	□	□	□	□	□	□	□
		共振峰频率（$F_2/u/$）（前位聚焦）	□	□	□	□	□	□	□
		共振峰频率扰动（F_2f）	□	□	□	□	□	□	□
		鼻流量（NL）	□	□	□	□	□	□	□
		鼻口腔共鸣比（NOR）	□	□	□	□	□	□	□

续表

身体功能，即人体系统的生理功能损伤程度			无损伤	轻度损伤	中度损伤	重度损伤	完全损伤	未特指	不适用
			0	1	2	3	4	8	9
b320	构音功能	声母音位习得	□	□	□	□	□	□	□
		声母音位对比	□	□	□	□	□	□	□
		构音清晰度	□	□	□	□	□	□	□
		口部感觉	□	□	□	□	□	□	□
		下颌运动	□	□	□	□	□	□	□
		唇运动	□	□	□	□	□	□	□
		舌运动	□	□	□	□	□	□	□
b3300	言语流利	口腔轮替运动 音节时长	□	□	□	□	□	□	□
		口腔轮替运动 浊音时长	□	□	□	□	□	□	□
		口腔轮替运动 停顿时长	□	□	□	□	□	□	□
		连续语音能力 音节时长	□	□	□	□	□	□	□
		连续语音能力 停顿时长	□	□	□	□	□	□	□
b3301	言语节律	幅度标准差	□	□	□	□	□	□	□
		重音音节总时长	□	□	□	□	□	□	□
		重音出现率	□	□	□	□	□	□	□
b3302	语速	口腔轮替运动 言语速率	□	□	□	□	□	□	□
		口腔轮替运动 浊音速率	□	□	□	□	□	□	□
		连续语音能力 言语速率	□	□	□	□	□	□	□
		连续语音能力 构音速率	□	□	□	□	□	□	□
b3303	语调	言语基频标准差	□	□	□	□	□	□	□
		言语基频动态范围	□	□	□	□	□	□	□
		基频突变出现率	□	□	□	□	□	□	□
b16700	口语理解（儿童）	词语理解	□	□	□	□	□	□	□
		词组理解	□	□	□	□	□	□	□
		句子理解	□	□	□	□	□	□	□

续表

身体功能，即人体系统的生理功能损伤程度			无损伤	轻度损伤	中度损伤	重度损伤	完全损伤	未特指	不适用
			0	1	2	3	4	8	9
b16710	口语表达（儿童）	词语命名	□	□	□	□	□	□	□
		双音节词时长（2cvT）	□	□	□	□	□	□	□
		双音节词基频（2cvF_0）	□	□	□	□	□	□	□
		词组仿说	□	□	□	□	□	□	□
		句式仿说	□	□	□	□	□	□	□
		看图叙事	□	□	□	□	□	□	□
b16700	口语理解（成人）	听觉理解	□	□	□	□	□	□	□
b16701	书面语理解（成人）	视觉理解	□	□	□	□	□	□	□
b16708	其他特指的语言理解（成人）	右脑功能	□	□	□	□	□	□	□
b16710	口语表达（成人）	词语命名	□	□	□	□	□	□	□
		简单复述	□	□	□	□	□	□	□
		词语复述	□	□	□	□	□	□	□
		双音节词时长（2cvT）	□	□	□	□	□	□	□
		双音节词基频（2cvF_0）	□	□	□	□	□	□	□
		句子复述	□	□	□	□	□	□	□
		句子时长	□	□	□	□	□	□	□
		句子基频	□	□	□	□	□	□	□
		系列言语	□	□	□	□	□	□	□
		口语描述	□	□	□	□	□	□	□
		朗读	□	□	□	□	□	□	□
b16711	书面语表达（成人）	书写	□	□	□	□	□	□	□
b16713	姿势语表达（成人）	肢体语言	□	□	□	□	□	□	□

续表

身体功能，即人体系统的生理功能损伤程度			无损伤	轻度损伤	中度损伤	重度损伤	完全损伤	未特指	不适用
			0	1	2	3	4	8	9
b1561	视觉	颜色	□	□	□	□	□	□	□
		图形	□	□	□	□	□	□	□
		数字	□	□	□	□	□	□	□
		时间	□	□	□	□	□	□	□
		空间	□	□	□	□	□	□	□
		物体的量	□	□	□	□	□	□	□
b163	基础认知	图形推理	□	□	□	□	□	□	□
b1400	保持注意力	空间次序	□	□	□	□	□	□	□
b1440	短时记忆力	动作序列	□	□	□	□	□	□	□
b1441	长时记忆	逻辑类比	□	□	□	□	□	□	□
b1565	视觉空间觉	目标辨认	□	□	□	□	□	□	□

基于 ICF 的言语语言功能核心组合类目对应的各项测量参数如下。

数字资源

b310 嗓音功能类目介绍

一、b310 嗓音功能

b310 嗓音功能（Voice functions）是指由空气通过喉产生各种声音的功能，包括产生嗓音的功能和音质功能，即发声、音调、响度和其他音质功能。嗓音功能障碍可表现为失声、发声困难、嘶哑声、鼻音功能亢进和鼻音功能低下等。b310 下设四个二级类目，分别为 b3100、b3101、b3108、b3109，如表 2-1-1。

b3100 嗓音产生，是指通过喉及其周围肌肉与呼吸系统配合产生声音的功能，包含发声功能、音调功能、响度功能等；障碍表现为失声、震颤、发声困难等。可选用的评价指标有：最长声时（Maximum Phonation Time，简称 MPT）、最大数数能力（continuous Maximum Counting Ability，简称 cMCA）、言语基频（Fundamental Frequency, F_0）、基频震颤（Fundamental Frequency tremor, F_0t）、频段能量集中率（Energy concentration，简称 Ec）、声带接触率（Contact Quotient，简称 CQ）和接触率微扰（Contact Quotient Perturbation，简称 CQP）。进行最长声时测试时让患者深吸气后尽可能长地发汉语拼音单韵母 /ɑ/ 音并记录发声时长；进行最大数数能力测试时让患者深吸气后连续哼音发 1 或 5，记录连续哼音的时长；言语基频测试时记录正常说话时的基频；进行基频震颤、频段能量集中率、声带接触率和接触率微扰测试时记录患者发 /æ/ 音时的声学信号及电信号并进行分析。

b3101 嗓音音质是嗓音特征的功能，包括谐波特征、共鸣和其他特征。相关障碍表现为发声困难、声带紧张、嘶哑声或粗糙声、气息声、鼻音功能亢进或鼻音功能低下等。可选用的指标有：基频微扰（Jitter）、声门噪声（Normalized Noise Energy，简称 NNE）、幅度微扰（Shimmer）、/i/ 的第二共振峰频率、/u/ 的第二共振峰频率、共振峰频率扰动、鼻流量、鼻口腔共鸣比。进行基频微扰、声门噪声、幅度微扰测试时记录患者发 /æ/ 音时的声学信号及电信号并进行分析；进行第二共振峰测量（聚焦障碍的测量）时，让患者分别发单韵母 /i/ 和 /u/，记录共振峰信号并进行分析；进行鼻流量及鼻口腔共鸣比测试时分别对患者口腔和鼻腔两个通道的信号进行测量分析。

b3108 是其他特指的发音功能，b3109 为发音功能，未特指，这两个类目在本书中暂未涉及。

二、b320 构音功能

b320 构音功能（Articulation functions）是指产生言语声的功能，包括构音清晰功能、构音音位习得功能。相关障碍表现为痉挛型、运动失调型、弛缓型神经性言语障碍等神经损伤导致的构音障碍。可选用的评估指标有汉语声母音位习得、汉语声母音位对比、构音清晰度、构音器官的感

数字资源

b320 构音功能
类目介绍

知觉和运动能力等。构音器官的感知觉和运动能力可以用口部感觉、下颌运动、唇运动、舌运动的功能来评估。声母音位习得是考察汉语拼音的21个声母（不含 y、w）的习得个数；声母音位对比是考察汉语中的10项音位对比、25项最小音位对的习得情况。构音清晰度是考察声母、韵母和声调音位对比的整体得分，包括声母音位对比（25对/10项）、韵母音位对比（10对/6项）和声调音位对比（3项/3对）。

三、b330 言语的流利和节律功能

b330 言语的流利性和节律性类目介绍

b330 言语的流利和节律功能（Fluency & Rhythm of speech functions）是指产生流利有节奏的言语的功能，包括言语的流利、节律、速率、旋律功能，韵律和语调功能。相关障碍表现为口吃、迅吃、言语迟缓症、急语症等。下设四个二级类目，分别为 b3300、b3301、b3302、b3303，如表 2-1-1。

b3300 言语流利是指产生流畅、无中断的连续言语的功能，包含言语平滑连接的功能。相关障碍表现为口吃、迅吃、不流利，在声音、词语（音节）或部分词语（音节）上的重复，不规则的言语中断等。可选用的评价指标有：① 口腔轮替运动，使用单音节 /pa/、/ta/、/ka/，双音节 /pata/、/paka/、/taka/，三音节 /pataka/ 作为测试语料，测试音节时长、浊音时长和停顿时长等。② 连续语音能力，选取看图对话的方式，诱导自发连续语音作为语料，测试音节时长和停顿时长。

b3301 言语节律是指言语中的节奏和重音模式及其模式调节功能。相关障碍表现为言语韵律刻板或重复等。可选用的指标有幅度标准差、重音音节总时长以及重音出现率。

b3302 语速是指言语产生的速率，相关障碍表现为言语迟缓症和急语症等。可选用的评价指标有：① 口腔轮替运动，测试言语速率和浊音速率。② 连续语音能力，测试言语速率和构音速率。测试语料同 b3300 言语流利所述。

b3303 语调是指言语中音调模式的调节功能，包含言语韵律、语调、

言语旋律。相关障碍表现为言语平调、音调突变等。可选用的评价指标有言语基频标准差、言语基频动态范围、基频突变出现率等。测试时可以使用看图对话的方式，诱导自发连续语音作为语料。

四、b167 语言精神功能

数字资源

b167 语言精神功能类目介绍

b167 语言精神功能（Mental functions of language）是指识别和使用一种语言中的符号、信号和其他成分的特殊精神功能。学龄前儿童在语言的发育过程中，最先掌握的、最基本的内容主要包括口语理解和口语表达，因此本书主要选择了以下两个二级类目，分别为 b16700、b16710，如表 2-1-1。

b16700 口语理解能力是指对口语信息进行解码以获得其含义的精神功能。可选用的评价指标有词语理解、词组理解和句子理解。

b16710 口语表达能力是指产生有意义的口语信息所必需的精神功能。可选用的评价指标有词语命名、双音节词时长、双音节词基频、词组仿说、句式仿说以及看图叙事。训练时应结合言语语言综合的概念，可采用示范模仿、呼吸控制训练、音调梯度训练、主题活动、语义联想等治疗方法。

在成人语言中，b167 共设十二个二级类目。由于正常成人在日常生活中较多用到的主要为口语、书面语、姿势语等，以及相关基本能力，因此本书主要选择了以下六个二级类目，分别为 b16700、b16701、b16708、b16710、b16711、b16713，如表 2-1-1。

b16700 口语理解能力是指对口语信息进行解码以获得其含义的精神功能。可选用的评价指标有是非判断、选择、执行口头指令等听觉理解能力。

b16701 书面语理解能力是指对书面语信息进行解码以获得其含义的精神功能。可选用的评价指标有匹配、选词等视觉理解能力。

b16708 其他特指的语言理解能力，主要包括情绪辨别、图形匹配和隐喻句理解能力。情绪辨别能力主要是对情绪的理解能力，该能力对于理解语言信息中的情感部分尤为重要；图形匹配能力主要考察对空间结构的理解能力，这对于汉字的理解和书写有一定的影响；隐喻句理解能力主要考察对比喻词的理解能力，该能力对于理解汉语信息尤为重要。这些指标主要反映右脑功能。

16710 口语表达能力是指产生有意义的口语信息所必需的精神功能。可选用的评价指标有词语命名、复述（无意义音节、词语、句子）、双音节词时长、双音节词基频、句子时长、句子基频、系列言语、口语描述和朗读。其中，双音节词时长和双音节词基频是评估发双音节词时时长与基频的变化范围，主要反映对时长以及基频的控制能力。

b16711 书面语表达能力是指产生有意义的书面语信息所必需的精神功能。可选用的评价指标有听写、看图写等书写能力。

b16713 姿势语表达能力是指通过手势或其他肢体动作产生有意义的肢体语言信息所必需的精神功能。可选用的评价指标主要是肢体语言。

五、认知功能

认知是人认识事物的过程，包括感知觉、注意、记忆、表象、思维、言语和想象等。儿童的认知考察内容包括基本认知、注意力、记忆力和观察力等，因此在认知功能（Cognitive functions）下，共设置六个二级类目，分别为 b1561、b163、b1400、b1440、b1441、b1565，如表 2-1-1。

b1561 视觉功能，涉及辨别形状、大小、颜色和其他视觉刺激的精神功能。主要表现为对颜色、图形、数字等的认知能力。可选用的评价指标有颜色、图形、数字、时间、空间、物体的量等的评估。

b163 基础认知功能，涉及获取物体、事件和经历的知识的精神功能。组织及应用那些需要心理活动的任务和知识。包括认知发展的功能、推理功能。可选用的指标主要有图形推理的评估。

b1400 保持注意力，是指在要求的时间段内将注意力集中的精神功能。可选用的指标主要有空间次序的评估。

b1440 短时记忆力，是指产生大约可存储 30 秒的一种瞬间、可被中断的记忆的精神功能，如果不能巩固进入长时记忆，信息就会被遗忘。可选用的指标主要有动作序列的评估。

b1441 长时记忆，是指产生一种记忆系统的精神功能，它可以把短时记忆以及对过去事件的情景性记忆和对语言及事实的语义性记忆信息长时间存储。可选用的指标主要有逻辑类比的评估。

b1565 视觉空间觉，涉及通过观察物体在环境中或与自身的相对位置从而做出辨别的精神功能。可选用的指标主要有目标辨认的评估。

第二节　基于 ICF 的言语语言评估工具及方法

上一节中所列类目对应的参数，推荐使用以下仪器设备进行测量。

一、言语障碍测量仪软件

言语障碍测量仪软件（DrHRS-VS：S1）可进行言语呼吸、发声和共鸣等功能的评估。言语障碍测量仪软件是一个利用数字信号处理技术和实时反馈技术对言语功能进行定量评估和实时训练的现代化言语治疗工具，如图 2-2-1。言语障碍测量仪软件通过对言语、构音、语音、鼻音信号进行实时检测处理，用于言语障碍的功能评估。产品技术指标要求如下。

实时言语信号性能：谐波频率误差 ±4%、基频实时响应速率 ≤ 6 ms、快速傅里叶变换（Fast Fourier Transform，简称 FFT）实时响应速率 ≤ 48 ms、线性预测谱（Linear Predictive Coding，简称 LPC）实时响应速率 ≤ 45 ms、语谱图窄带实时分辨率 12.7 ms ± 4%、信号色度误差 ≤ 15%、信号线性误差 ≤ 2%。

言语呼吸功能的实时测量：主要评估言语过程中出现的说话气短、吃力、异常停顿、吸气时发声、病理性硬起音或软起音等情况。可提供最长声时、最大数数能力等参数的实时测量。言语发声功能的实时测量：主要评估言语过程中出现的音调异常、响度异常和音质异常。音调异常包括音调过高、音调过低、变化单一、变化过大，响度异常包括响度过小、响度过大、变化单一、变化过大，音质异常具体表现为嘶哑声、粗糙声和气息声。可提供言语音调、言语响度、音域图等参数的实时测量，以及发声的言语电声门图参数测量，包含基频微扰、幅度微扰、基频震颤、接触率、接触幂微扰、接触幂、接触率微扰、开放率、闭合率等。言语共鸣功能的实时测量主要评估在言语过程中，由于各种原因导致的口腔、鼻腔共鸣功能紊乱，发出的言语声出现前位化、后位化、喉位化和鼻位化等。可提供言语功率谱、共振峰、聚焦图等参数的实时测量，为建立构音支架提供基础保障，可开展共鸣的言语电声门图参数测量，包含噪音能量、谐噪比、信噪比。

图 2-2-1　言语障碍测量仪软件

（一）测量最长声时

测试患者深吸气后持续发 /ɑ/ 音的最长时间，并保存声音文件，如图 2-2-2。最长声时反映言语呼吸支持能力。高于正常同龄同性别者数值或在正常范围内，表示呼吸支持能力良好；低于正常同龄同性别者数值，表示呼吸支持能力不足。

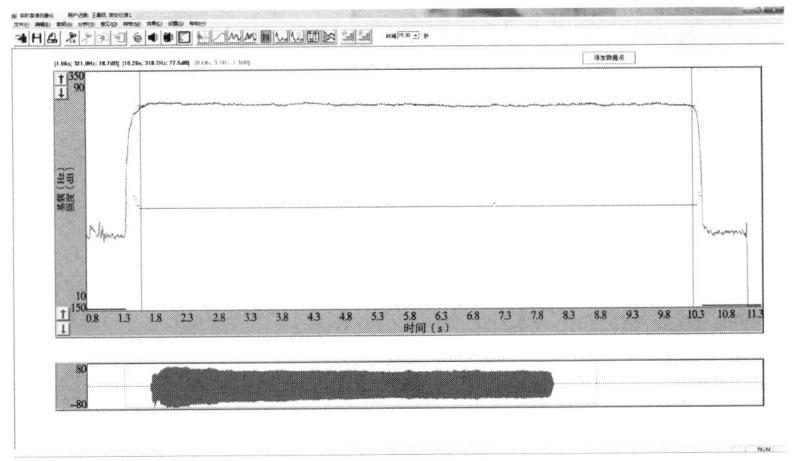

图 2-2-2　最长声时测量

（二）测量最大数数能力

测试患者深吸气后一口气连续并嘹音发 1 或 5 的最长时间，并保存文件，如图 2-2-3。最大数数能力反映呼气和发声之间的协调性、言语时呼吸控制能力的大小等。高于正常同龄者数值或在正常范围内，表示呼吸与发声协调的能力良好；低于正常同龄者数值，表示呼吸和发声功能不协调。

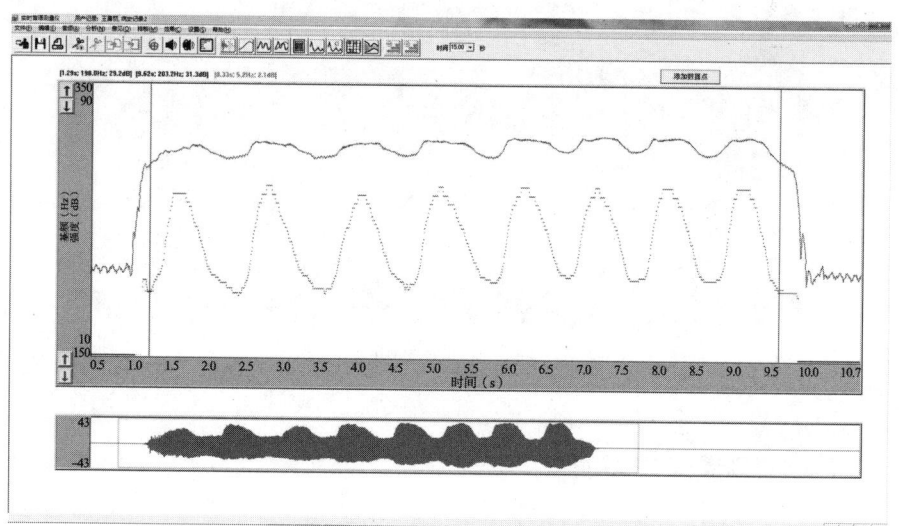

图 2-2-3　最大数数能力测量

（三）测量言语基频

交谈时询问患者"姓名及年龄"，或让其阅读或跟读"妈妈爱宝宝，宝宝爱妈妈"，并保存文件，如图 2-2-4。言语基频反映个体的习惯音调正常与否。高于正常同龄同性别者无损伤程度的上限值，表示存在音调过高的问题；低于正常同龄同性别者无损伤程度的下限值，表示存在音调过低的问题。

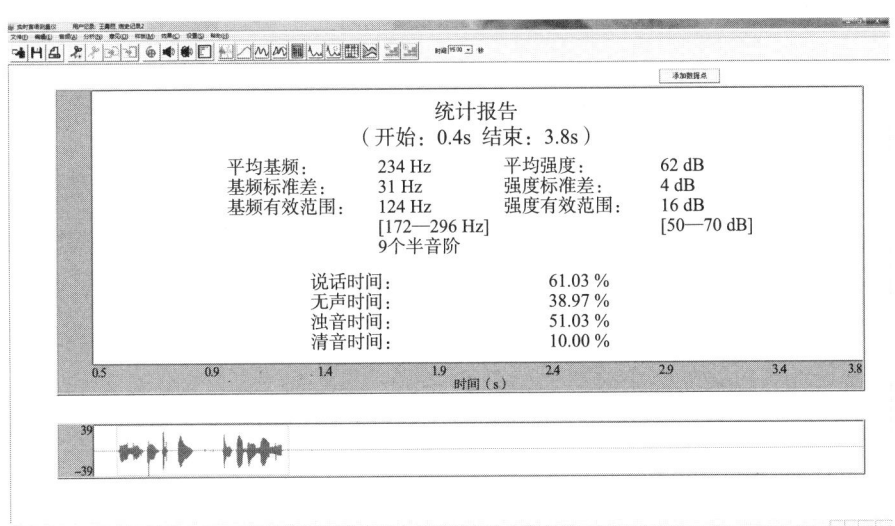

图 2-2-4　言语基频统计报告

（四）测量共振峰频率

要求患者以舒适的方式发 /i/、/u/ 两个核心韵母。/i/ 的共振峰频率的测量，如图 2-2-5。共振峰频率反映口腔共鸣正常与否。如果 F_2/i/ 数值低于正常参考值范围，则提示后位聚焦；F_2/u/ 数值高于正常参考值范围，则提示前位聚焦。

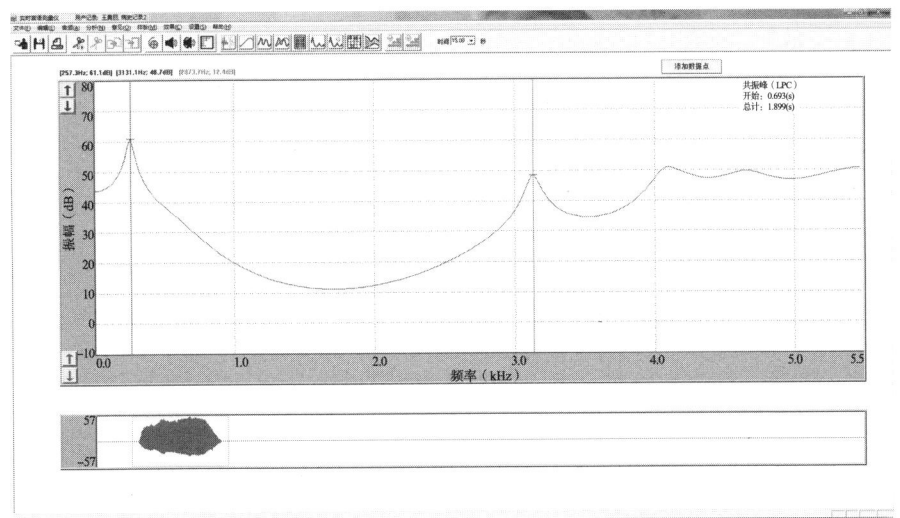

图 2-2-5　/i/ 的共振峰测量

二、嗓音功能测量仪软件

嗓音功能测量仪软件（DrHRS-VS：V1、电声门图仪 EGG-3）利用数字信号处理技术，以正常嗓音和病理嗓音为样本，建立嗓音数据库，通过麦克风和外接电极收集声学信号和电声门图信号，检测声带振动的规律性、声门的开启与关闭状态以及声带振动方式，客观判断嗓音音质和声带振动功能，以辅助临床诊断，如图 2-2-6。

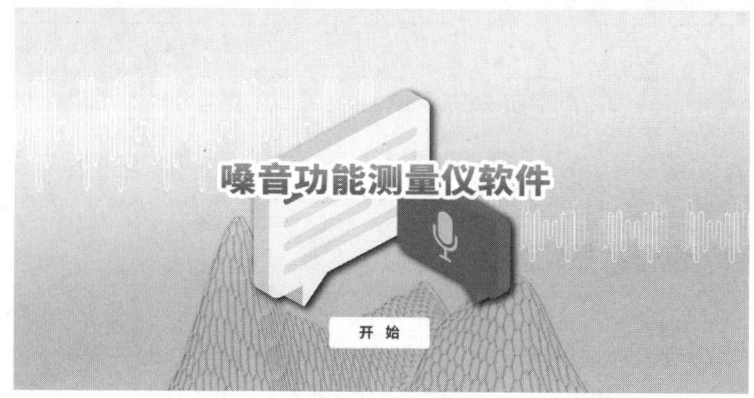

a. 嗓音功能测量仪软件主页面

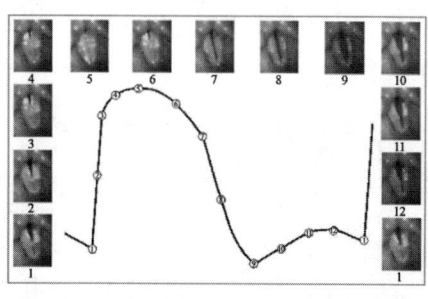 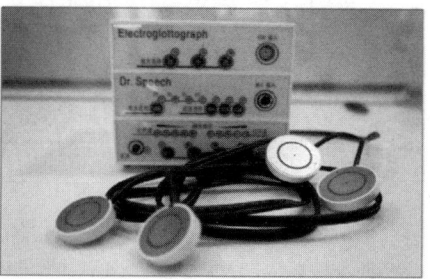

b. 嗓音功能测量仪分析声带闭合周期　　c. 电声门图仪

图 2-2-6　嗓音功能测量仪

(一)测量基频微扰、声门噪声、幅度微扰

要求患者发 /æ/（英文），录音后选取声波的平稳段进行声波分析，如图 2-2-7，进行嗓音多维参数分析，如图 2-2-8，进行嗓音质量评估，如图 2-2-9。基频微扰主要反映粗糙声的程度。基频微扰的值越大，粗糙声程度越严重，表示嗓音音质不良。声门噪声主要反映气息声程度，气息声程度越严重，声门噪声的值越大，表示嗓音音质不良。幅度微扰主要反映嘶哑声程度，嘶哑声程度越严重，幅度微扰的值越大，表示嗓音音质不良。

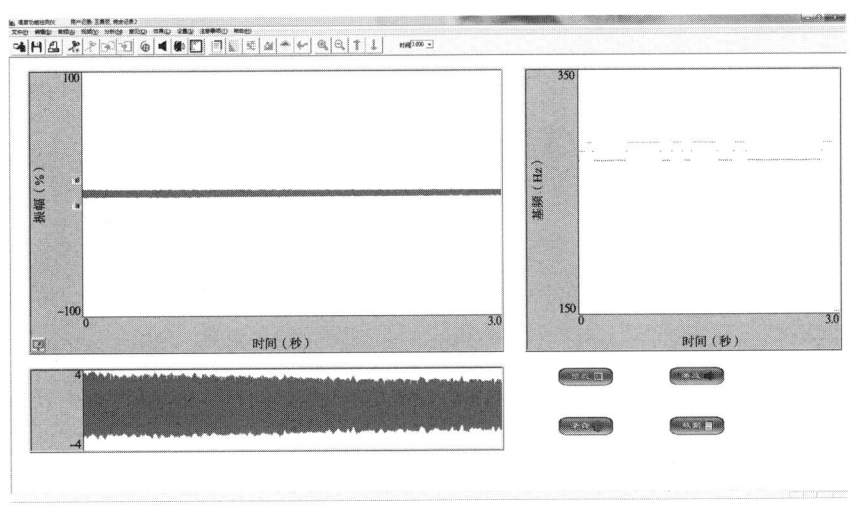

图 2-2-7　测量基频震颤录音

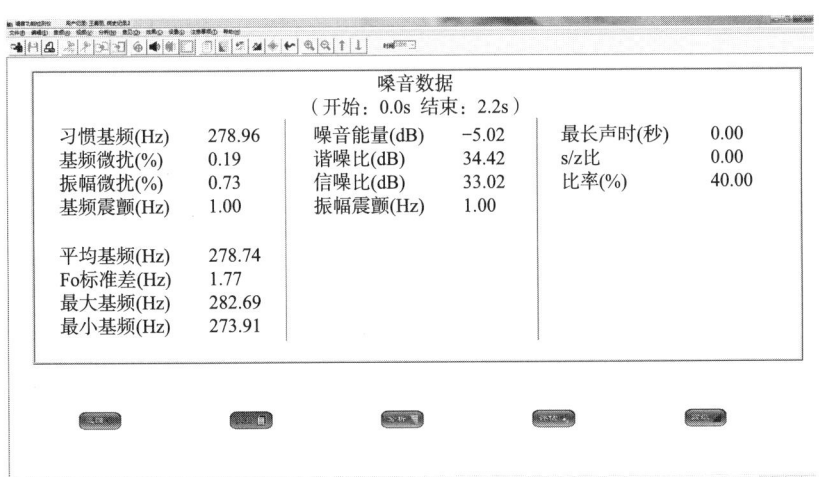

图 2-2-8　嗓音多维参数分析

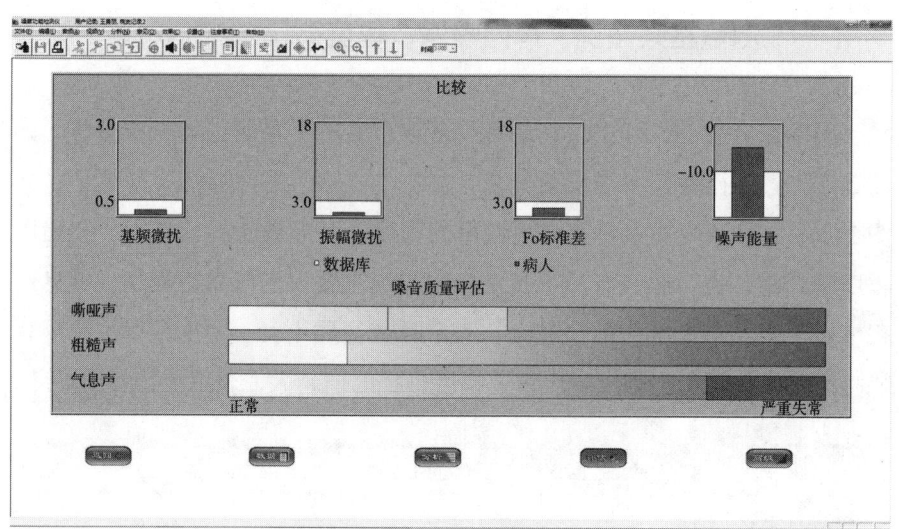

图 2-2-9　嗓音质量评估

（二）测量基频震颤、声带接触率、接触率微扰

要求患者发 /æ/（英文），录音后选取声波的平稳段分析声波，如图 2-2-10。基频震颤反映是否存在神经源性损伤导致的喉腔共振不规律。声带接触率反映声带在水平方向上的闭合程度。声带接触率高于无损伤程度的上限值，表示患者存在声门闭合过度的问题，可能存在硬起音；低于无损伤程度的下限值，表示患者存在声门闭合不全的问题，结合声门噪声的数据可判断患者气息声的严重程度。接触率微扰反映声带振动的规律性。接触率微扰高于无损伤程度的上限值，表示患者存在声带振动不规律的问题。

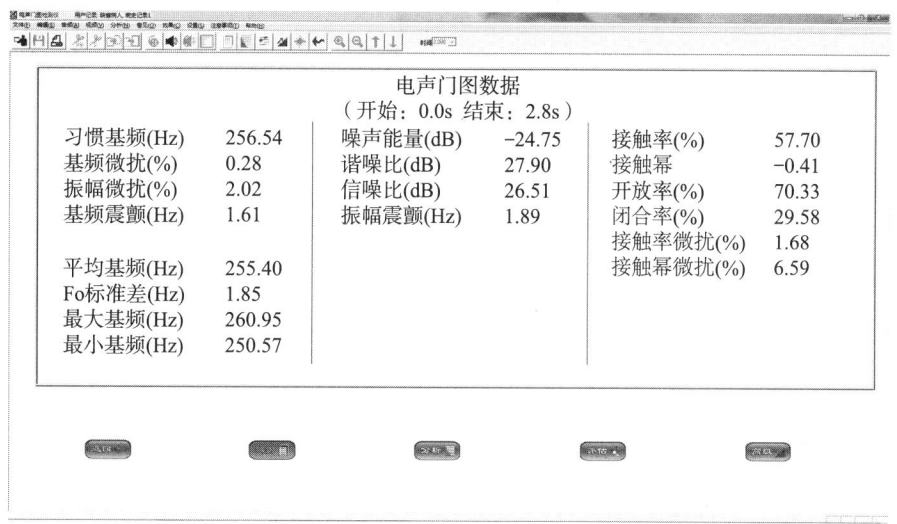

图 2-2-10 电声门图声带接触率分析

产品技术指标要求：喉功能信号（嗓音信号：喉声学信号；电声门图信号：喉生理信号）方面，频率误差≤ ±4%，电压误差≤ ±5%。电声门图信号频响性能方面，频响在 70 Hz—500 Hz 频率范围内 –3 dB— 0 dB；静止噪声≤ 5 mV；电声门图电极性能方面，电极信号输出频率 2.5 MHz。

三、鼻音障碍测量与训练仪软件

鼻音障碍测量与训练仪软件（DrHRS-APN：S5）通过观察和计算口腔和鼻腔的声强分配，测算鼻流量，并给出鼻部和口部信号的平均功率谱、线形测谱、语谱图等。主要用于鼻腔共鸣功能异常的测量与矫正，也可以用于腭裂患者修复术后的发音训练，以及鼻构音功能障碍的矫治。

产品技术指标要求：实时鼻音信号性能方面，口腔、鼻腔谐波频率误差≤ ±6%。

（一）测试是否存在鼻音功能低下

让患者朗读（或跟读）标准测试材料"妈妈你忙吗"，并保存文件，如图 2-2-11。鼻流量反映鼻腔共鸣是否异常以及异常的程度，如果该句话测得鼻流量低于正常参考范围，表示患者可能存在一定程度的鼻音功能低下。

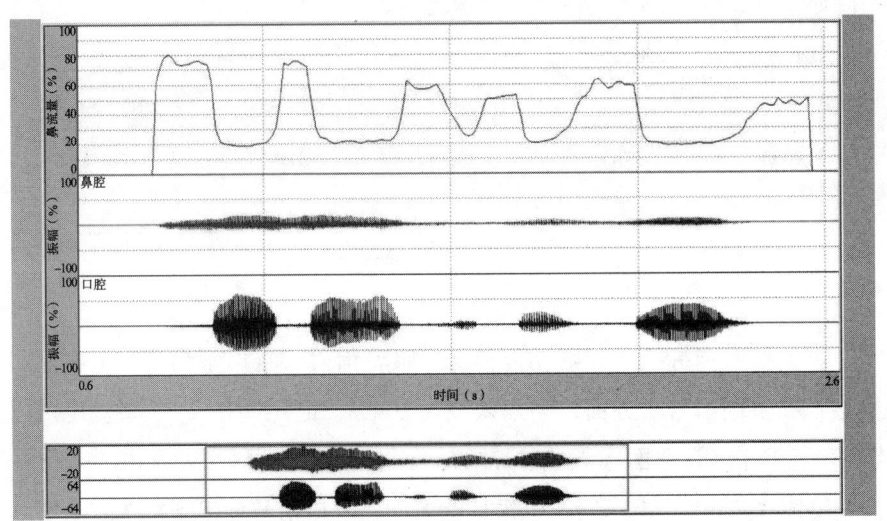

图 2-2-11　鼻腔共鸣的测试

（二）测量是否存在鼻音功能亢进

让患者朗读（或跟读）标准测试材料"我和爸爸吃西瓜"，并保存文件。如果该句话测得鼻流量高于正常参考范围，表示患者可能存在一定程度的鼻音功能亢进。

四、构音障碍测量与康复训练仪软件

构音障碍测量与康复训练仪软件（DrHRS-APN：S3）从运动角度和语音角度对患者的构音功能进行科学的评价，包括口部运动功能评估和构音语音能力评估两部分。通过对口部运动、声母音位习得、声母音位对比、构音清晰度等能力的评估和检测，为构音障碍的诊断、康复和疗效监控提供辅助。

（一）评估口部运动能力

评估口部感觉，下颌、唇、舌在自然放松状态下及模仿口部运动状态下的生理运动，将患者口部运动的表现通过系统自带的摄像头记录下来，康复师根据患者的表现给予相应等级的评分，并判断运动异常的类型，分析运动异常的原因，为治疗提供依据，如图2-2-12。口部感觉是指口部感受器对环境刺激的反应，它是口部运动发育的前提，评估项目涉及颊部、鼻部、唇部、牙龈、硬腭、舌前、舌中、舌后触觉反应。若测试者得分低于正常同龄者数值，说明测试者口周及口内的触觉反应异常。下颌运动是口部运动（即构音器官的运动）的一部分，它是进食、吞咽及构音的基础。若测试者得分低于正常同龄者数值，说明测试者下颌在自然状态时的位置及形态上存在异常，或运动状态时的运动速度、范围、协调性方面存在异常。

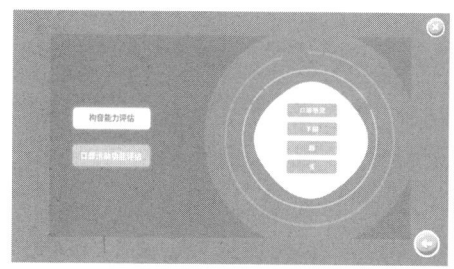
a. 口部运动功能评估板块

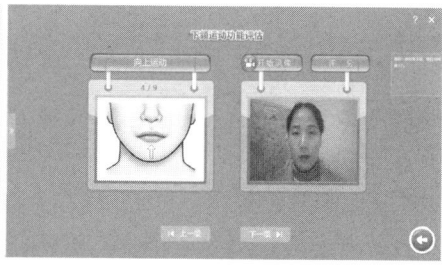
b. 口部运动功能评估页面

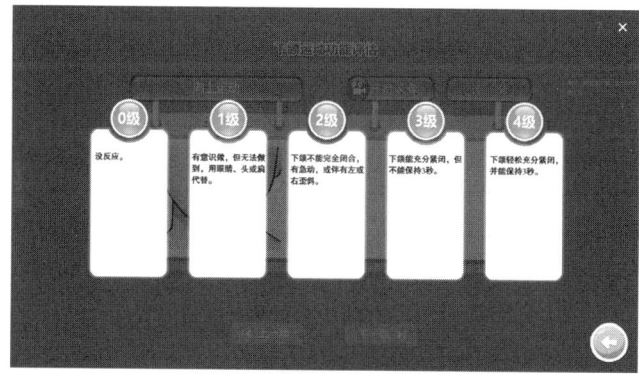
c. 口部运动功能评估分项目结果判断

图2-2-12 口部运动能力评估

（二）评估声母音位习得、声母音位对比、构音清晰度

评估分为两种形式：自然发音，主要通过会话的形式完成，如系统提问"这是什么？"，患者根据图片或动画做出相应回答；模仿发音，主要通过听说复述的形式完成，如治疗师说，"小朋友，跟着老师说话（参考系统中的指导语），每个音说三次"。复述素材由 52 个单音节词组成，包含 21 个声母、13 个韵母和 4 个声调。它通过 19 项音位对比、38 对最小音位对比和音位习得情况的分析，来评估患者声母音位习得的能力、声母音位对比的能力以及构音的清晰度，为制订构音障碍的矫治方案提供科学依据。本软件配以简单、易懂、生动活泼的卡通或实物图片，如图 2-2-13（a），通过音频和视频记录患者的自然发音或模仿发音。系统提供"正确""遗漏""歪曲""替代"四个判别结果，评估者可以实时评分。系统将自动生成声母音位习得情况，给出声母音位习得、声母音位对比、构音清晰度、相对年龄以及相应的错误走向等评估结果，并提供 ICF 限定值转化以判断损伤程度，如图 2-2-13（b）、2-2-13（c）、2-2-13（d）。

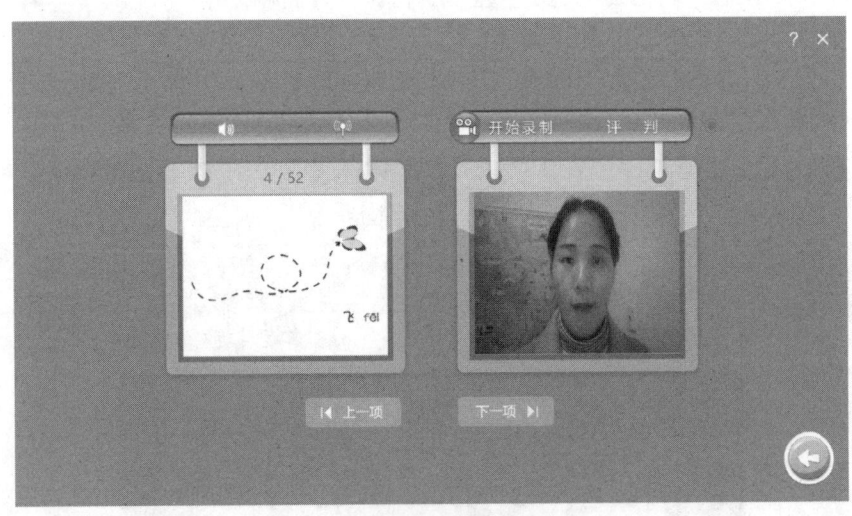

a. 构音语音能力评估页面

图 2-2-13　构音语音能力评估

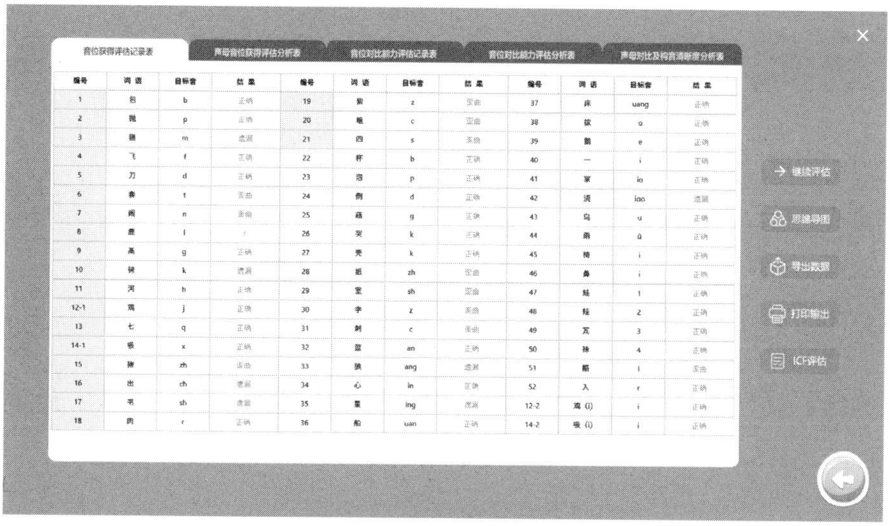

b. 构音语音能力评估结果（1）

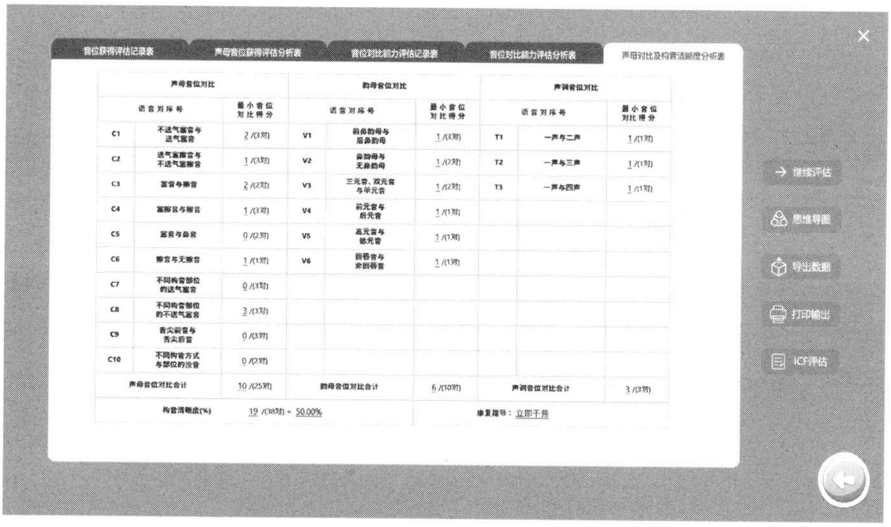

c. 构音语音能力评估结果（2）

图 2-2-13　构音语音能力评估

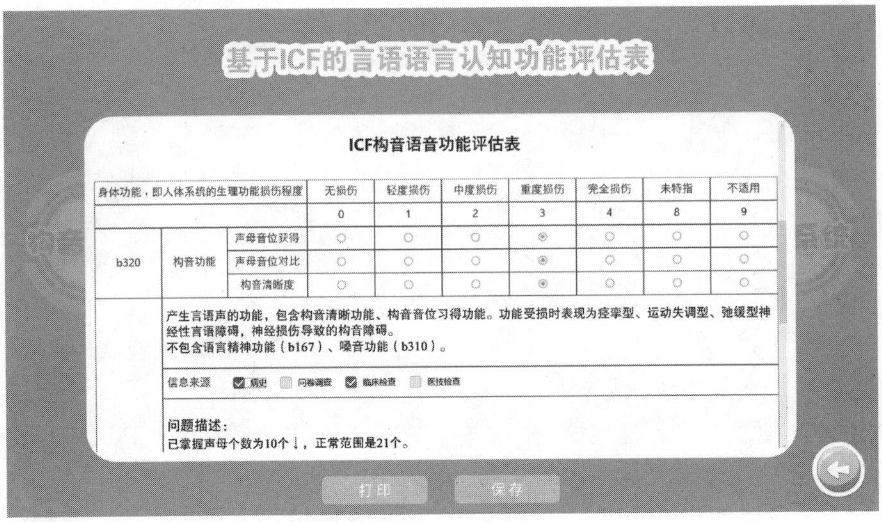

d. ICF 构音语音功能损伤程度判定

图 2-2-13　构音语音能力评估

五、早期语言障碍评估与干预仪软件

早期语言障碍评估与干预仪软件（DrHRS-LMB1：L4）用于评估儿童口语理解和口语表达能力，如图 2-2-14。

图 2-2-14　早期语言障碍评估与干预仪软件

(一)口语理解能力评估

口语理解能力评估项目包括词语理解、词组理解和句子理解。词语理解能力是指儿童对实词中常见的名词、动词和形容词的理解能力,共 35 个题项。词组理解能力是指儿童对并列词组、动宾词组、主谓词组、偏正词组、介宾词组的理解能力,共 40 个题项。句子理解能力评估根据汉语的语法结构,遵循汉语语法构建规则和儿童语言发展规律,主要考查儿童对包括无修饰句、简单修饰句和特殊句式等在内的常用句式的理解,共 23 个题项,如图 2-2-15、图 2-2-16。

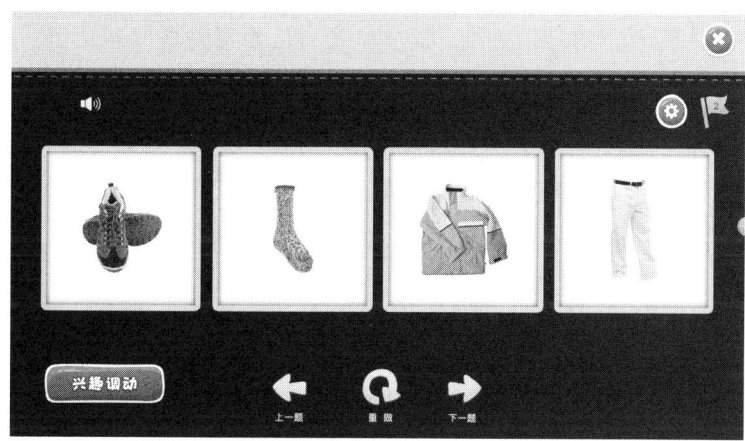

图 2-2-15　词语理解能力评估示例

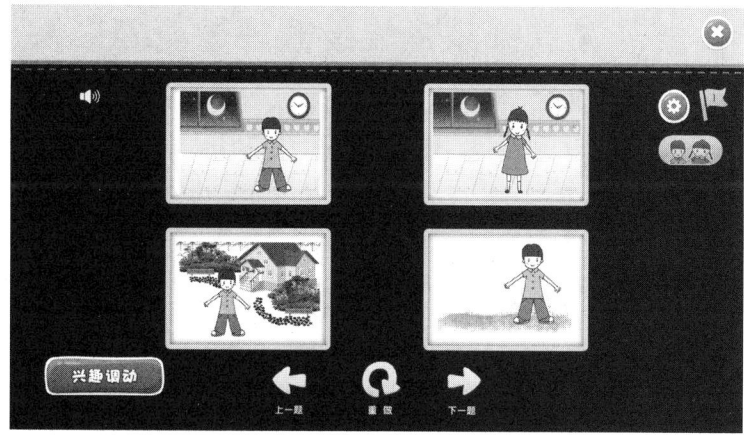

图 2-2-16　句子理解能力评估示例

(二)口语表达能力评估

口语表达能力评估包括词语命名能力评估、双音节词时长测量、双音节词基频测量、词组仿说能力评估、句式仿说能力测验、看图叙事。词语命名能力评估共 65 个题项,要求儿童按照指导语对所提供的图片进行命名,其目的是考察儿童对名词、动词、形容词、量词的命名能力。双音节词时长测量和双音节词基频测量主要考察儿童在有意义语言(双音节词)中对于时长和基频的控制能力,反映测试者在言语过程中的自然度。词组仿说能力评估主要考察儿童对并列词组、动宾词组、主谓词组、偏正词组、介宾词组的仿说能力,共 40 个题项。句式仿说能力测验遵循汉语语法构建规则和儿童语言发展规律,主要考查儿童对常用句式,包括无修饰句、简单修饰句(含一或两个修饰成分)、特殊句式和复句等几种句式的语法结构的提取和迁移能力,每种句式从语法和语义两个方面进行评估,建立句子表达分级评估体系,该测验共 30 个题项。看图叙事能力测验包括分图讲述和整体讲述两个部分。分图讲述涉及内容和句法两个方面;整体讲述涉及时间、地点、人物、故事讲述的顺序性,故事内容的完整和连贯性,故事的宏观结构、整体句法、流畅性、韵律感和清晰度等方面的内容。如图 2-2-17、图 2-2-18。

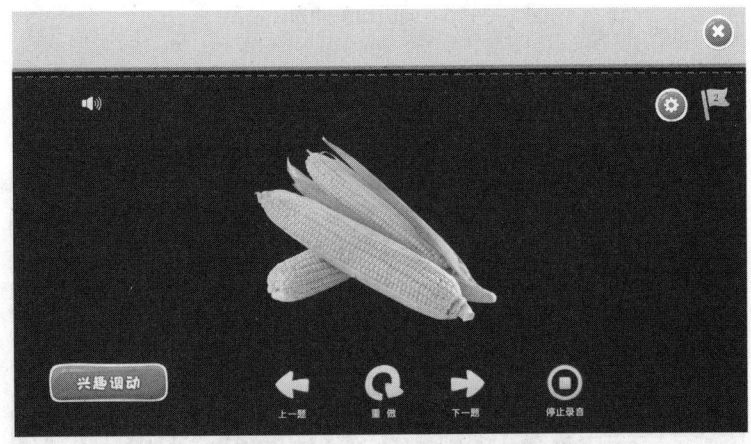

图 2-2-17　词语命名能力评估

图 2-2-18 句式仿说能力测验

六、语言认知评估训练与沟通仪软件——失语症评估系统

语言认知评估训练与沟通仪软件——失语症评估系统（DrHRS-LMB1：L5）基于语音信号处理技术、实时语音反馈技术和语言康复理论，用于失语症的功能评估与康复训练。语言认知评估训练与沟通仪软件的评估项目包括语言理解能力、语言表达能力两个方面，对患者的口语理解、书面语理解、其他特指的语言理解、口语表达、书面语表达和姿势语表达等能力进行评估和检测，为言语语言障碍的综合康复训练提供相关依据，如图 2-2-19。

图 2-2-19 语言认知评估训练与沟通仪软件——失语症评估系统

（一）口语理解能力评估

通过听回答、听选择和执行口头指令等形式，让患者根据听到的口语信息（听觉刺激）做出相应的反应，如通过回答问题、选择图片、做出动作来评估患者口语理解能力，如图 2-2-20。口语理解能力反映测试者对是非问题、听选择以及口头指令的理解能力。低于正常同龄者数值，表示口语理解能力较差。

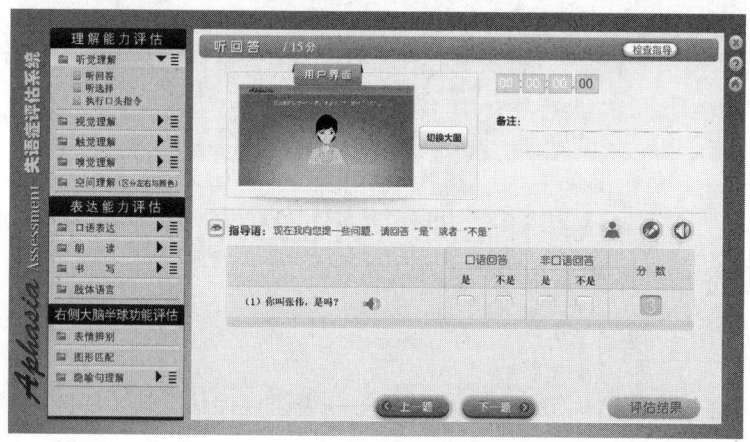

图 2-2-20　口语理解能力的评估

（二）书面语理解能力评估

通过图片与实物匹配、文字与图片匹配和选词填空等多种形式，让患者将抽象化的文字信息与具体的实物图片进行匹配，或通过选择合适词语补充句子等形式来综合评价患者书面语理解能力，如图 2-2-21。书面语理解能力评估反映测试者对书面语（文字）的理解能力。低于正常同龄者数值，表示书面语理解能力较差。

图 2-2-21　书面语理解能力评估

（三）口语表达能力评估

从词语命名、系列言语、口语复述、口语描述和朗读等五个方面评估患者的口语表达能力。以多种视觉刺激、听觉刺激模式为评估形式，了解患者在不同刺激状态下的口语表达能力，如图 2-2-22。

图 2-2-22　口语表达能力评估

（四）书面语表达能力评估

从写名字、写数字、听写词语、看图写词语和完形填空五方面综合评估患者的书写能力，如图 2-2-23。

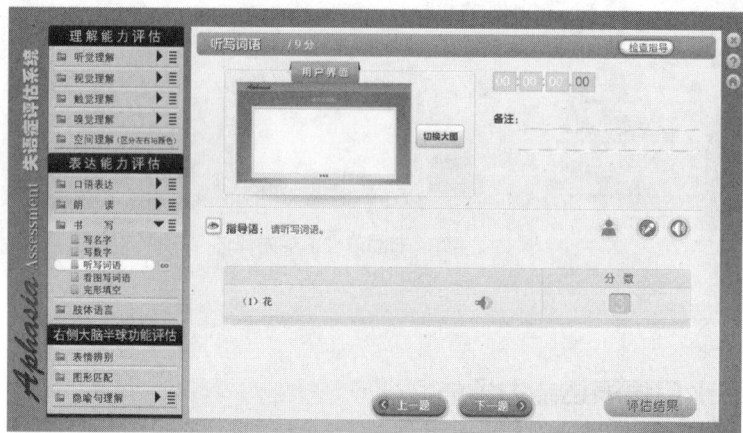

图 2-2-23　书面语表达能力评估

（五）姿势语表达能力评估

给出指导语，如"跟别人说再见时，你会怎么做?"，让患者根据指示用姿势进行相应的表达，如图 2-2-24。

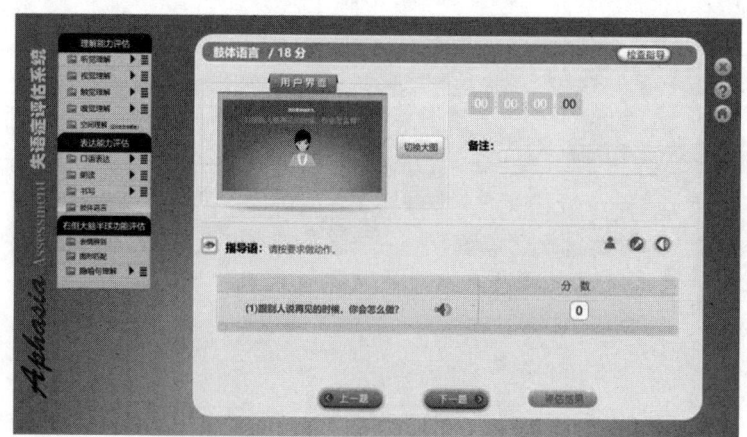

图 2-2-24　姿势语表达能力评估

七、认知能力评估与康复训练仪软件

认知能力评估与康复训练仪软件（DrHRS-LMB1：B1）是针对认知能力低下人群而开发设计的工具，可进行儿童启蒙知识和认知能力等的测试与训练。它是一种利用数字信号处理技术和实时反馈技术对认知功能进行定量评估和实时训练的现代化认知能力测试与训练工具，可依据"认知功能评估标准"对认知功能进行评估并制订合理的训练方案，是目前应用较为广泛的认知康复仪器之一，如见图 2-2-25。

图 2-2-25　认知能力评估与康复训练仪软件

认知能力评估与康复训练仪软件通过对认知能力进行实时测试处理，实现对认知功能的评估，如图 2-2-26。主要适用对象包括语言障碍、语言发育迟缓、孤独症、听觉障碍、脑性瘫痪和智力发育迟缓等有认知能力障碍的患者。认知功能的实时评估主要评估认知过程中出现的视觉障碍、基础认知功能障碍、注意力障碍、短时记忆力障碍、长时记忆障碍和视觉空间觉障碍。具体可提供：① 视觉刺激的精神功能评估，包含颜色、图形、数概念、时间、空间和物体的量等，如图 2-2-27；② 基础认知功能的评估，包括认知发展的图形推理等；③ 保持注意力的评估，包括空间次序等；④ 短时记忆力评估，包括短时记忆力等；⑤ 长时记忆的评估，包括逻辑类比等，如见图 2-2-28；⑥ 视觉空间觉的评估，包括目标辨认等。

通过对以上指标参数的评估，可全面掌握患者认知功能的发展情况和水平，为后续的认知功能训练提供依据并确定训练起点。另外，采用单一被试技术对认知功能康复效果进行评估和全程监控。

图 2-2-26　启蒙知识评估和认知能力评估

图 2-2-27　启蒙知识评估

图 2-2-28 认知能力评估

八、ICF 转换器

ICF 转换器基于 ICF 核心分类组合将言语功能测量评估的结果进行标准化等级转换，对言语嗓音、构音语音、儿童语言、成人语言、认知等模块的定量测量及评估结果进行标准化等级转换，确定患者的言语、语言、认知功能损伤程度，并提供相关功能损伤的具体描述，如图 2-2-29。

数字资源

ICF 转换器
操作介绍

图 2-2-29 ICF 转换器

第三章

ICF 言语语言治疗

基于 ICF 的言语语言治疗计划与疗效评价

第一节

ICF 言语语言功能评估后，须依据评估结果制订治疗计划。世界卫生组织国际分类家族有规范的 ICF 治疗计划记录表来呈现治疗任务，治疗方法，ICF 限定值的初始值、目标值和最终值。

一、基于 ICF 的言语语言治疗计划

应根据患者的个人情况以及评估结果，为其制订相应的治疗计划，如表 3-1-1。

b3100 嗓音产生方面，可采用发声诱导、言语呼吸控制训练、音调变化控制训练、发声肌肉控制训练、音调及响度实时反馈训练、气息式发音训练等治疗方法。

b3101 嗓音音质，是嗓音特征方面的功能，可采用提高音质训练、清浊音实时反馈训练、共振峰 F_2 实时反馈训练、鼻流量实时反馈训练等治疗方法。

b320 构音功能方面，可采用改善颊、鼻、唇、牙龈、硬腭、舌前、中、后部感知觉的方法，提高下颌、唇、舌的生理运动、构音运动等方法，提高构音语音能力的音位诱导、音位习得、音位对比、言语重读、言语支持和语音自反馈等方法。

b330 言语的流利性和节律功能方面，可采用语音重复、语音轮替、语音切换等治疗方法来改善言语流利性；可采用响度梯度法、励-协夫曼响度疗法（Lee Silverman Voice Treatment，简称 LSVT）、关键字重音对比等治疗方法来改善言语节律；可采用听觉延迟反馈装置（Delayed Auditory

Feedback，简称 DAF）、逐字增加句长、语速控制（节拍器）等治疗方法来改善语速；可采用吟唱法、音调梯度训练法、啭音法、旋律语调法等治疗方法来改善语调。

b167 语言精神功能方面，可采用认识、匹配、指认、进行主题活动等治疗方法来改善儿童口语理解能力；结合言语语言综合的概念，可采用示范模仿、呼吸控制训练、音调梯度训练、主题活动、语义联想等治疗方法来改善儿童口语表达能力。

成人失语症可采用 Schuell 刺激法、去阻滞技术等治疗技术，通过认识、判断、选择等治疗方法来进行口语理解的干预；采用 Schuell 刺激法、去阻滞技术等治疗技术，通过图文匹配、图形核证、选词填空等治疗方法来进行书面语理解能力的干预；采用情绪的认识与匹配、搭积木等治疗方法来进行其他特指的语言理解能力的训练；结合言语语言综合的概念，可采用 Schuell 刺激法、旋律语调治疗法（Melodic Intonation Therapy，简称 MIT）、Rosenbek 八步训练法、事件联想法、促进交流法、呼吸支持训练、音调梯度训练法等治疗方法来进行口语表达能力的训练；可采用组字训练、即时抄写、延迟抄写等治疗方法来进行书面语表达能力的训练；可采用示范模仿等治疗方法来进行姿势语表达的训练。

b1561 视觉功能方面，可采用指认和命名常见颜色及图形，按物点数、按数取物，认识时序、认识年龄发展规律、认识钟表，认识里外、上下、前后、旁边与中间、左右，认识大小、长短、胖瘦、高矮、粗细、软硬、多少、轻重、深浅、厚薄等治疗方法来进行训练。

b163 基础认知功能方面，可选用数字推理、图形推理、同类匹配、异类鉴别等治疗方法。

b1400 保持注意力方面，可采用注意稳定性训练、注意广度训练、注意分配训练、注意转移训练等治疗方法。

b1440 短时记忆力方面，可采用短时记忆训练、内涵记忆训练、外部特征记忆训练等治疗方法。

b1441 长时记忆方面，可采用形象记忆训练、运动记忆训练等治疗方法。

b1565 视觉空间觉方面，可采用顺序观察训练、特征观察训练、视觉分割训练、插图观察训练等治疗方法。

表 3-1-1　基于 ICF 的言语语言治疗计划表

治疗任务		治疗方法	康复医师	护士	物理治疗	作业治疗	言语治疗	心理工作	特教教师	初始值	目标值	最终值
		言语嗓音功能										
b3100 嗓音产生	最长声时（MPT）	情绪唤醒 发声诱导 生理腹式呼吸训练 言语腹式呼吸训练 增加肺活量训练 生理呼吸控制训练 言语呼吸控制训练 声时实时反馈训练 起音实时反馈训练										
	最大数数能力（cMCA）	情绪唤醒 发声诱导 言语腹式呼吸训练 唱音训练 啭音训练 声时实时反馈训练 起音实时反馈训练										
	言语基频（F_0）	情绪唤醒 发声诱导 音调变化控制能力训练 提高音调的训练 降低音调的训练 音调实时反馈训练										
	基频震颤（F_0t）	发声肌肉控制的训练 音调实时反馈训练 响度实时反馈训练										
	频段能量集中率（Ec）	发声肌肉控制的训练 响度实时反馈的训练										
	声带接触率（CQ）	气息式发音训练 唱音训练 啭音训练										
	接触率微扰（CQP）	起音实时反馈训练 电声门图信号 CQ 反馈训练										

续表

治疗任务		治疗方法	康复医师	护士	物理治疗	作业治疗	言语治疗	心理工作	特教教师	初始值	目标值	最终值
b3101 嗓音音质	基频微扰（Jitter）（粗糙声）	情绪唤醒 发声诱导 声带放松训练 提高音质训练 清浊音实时反馈训练 音调实时反馈训练 声学信号 Jitter 反馈训练										
	声门噪声（NNE）（气息声）	情绪唤醒 发声诱导 提高声门闭合能力的训练 提高音质训练 清浊音实时反馈训练 响度实时反馈训练 声学信号 NNE 反馈训练										
	幅度微扰（Shimmer）（嘶哑声）	声带放松训练 提高音质训练 清浊音实时反馈训练 响度实时反馈训练 声学信号 Shimmer 反馈训练										
	共振峰频率（$F_2/i/$）（后位聚焦）	改善后位聚焦的训练 共振峰 F_2 实时反馈训练										
	共振峰频率（$F_2/u/$）（前位聚焦）	改善前位聚焦的训练 共振峰 F_2 实时反馈训练										
	共振峰频率扰动（F_2f）	发声肌肉控制的训练 音调实时反馈的训练 响度实时反馈的训练										
	鼻流量（NL）	改善鼻音功能亢进的训练 鼻流量（NL）实时反馈训练 口、鼻腔 LPC 实时反馈训练										

续表

治疗任务		治疗方法	康复医师	护士	物理治疗	作业治疗	言语治疗	心理工作	特教教师	初始值	目标值	最终值
b3101 嗓音音质	鼻口腔共鸣比（NOR）	改善鼻音功能亢进的训练 改善鼻音功能低下的训练 口、鼻腔 LPC 实时反馈的训练										
构音语音功能												
b320 构音功能	声母音位习得	音位诱导（发音部位和发音方式）										
	声母音位对比	音位习得（单、双、三音节词） 音位对比（听说对比）										
	构音清晰度	言语重读（慢板、行板） 言语支持（停顿起音、音节时长、音调变化） 语音自反馈										
	口部感觉	改善颊、鼻、唇、牙龈、硬腭等部位感觉的训练 改善舌前、中、后部感觉的训练										
	下颌运动	提高咬肌肌力的训练 提高下颌上下、左右及连续运动能力的训练 提高下颌前伸运动能力的训练										
	唇运动	控制流涎的训练 提高肌力、展圆、闭合、交替运动能力的训练										

续表

治疗任务			治疗方法	康复医师	护士	物理治疗	作业治疗	言语治疗	心理工作	特教教师	初始值	目标值	最终值
b320 构音功能	舌运动		提高舌肌肌力的训练 提高舌尖分化和运动能力的训练 提高舌马蹄形上抬模式的训练 提高舌两侧缘、舌前、舌后部运动能力的训练										
b3300 言语流利	口腔轮替运动	音节时长											
		浊音时长	口腔轮替运动（核心韵母，如 /a-i-u/） 口腔轮替运动（声母，如 /pa-ta-ka/） 语音重复 语音切换 语音轮替										
		停顿时长											
	连续语音能力	音节时长											
		停顿时长											
b3301 言语节律	幅度标准差		响度梯度训练 励-协夫曼治疗法（LSVT） 关键字重音对比*										
	重音音节总时长		重读治疗法（慢板、行板、快板）										
	重音出现频率		关键字重音对比										
b3302 语速	口腔轮替运动	言语速率	听觉延迟反馈装置（DAF） 唱音法 语速控制*（节拍器）										
		浊音速率											
	连续语音能力	言语速率	逐字增加句长法 吸气停顿* 语速控制（节拍器）										
		构音速率											

续表

治疗任务		治疗方法	康复医师	护士	物理治疗	作业治疗	言语治疗	心理工作	特教教师	初始值	目标值	最终值
b3303 语调	言语基频标准差	音调梯度训练 乐调匹配法 旋律语调治疗法（MIT） 语调练习*										
	言语基频动态范围											
	基频突变出现率											
儿童语言功能												
b16700 口语理解	词语理解	词语理解能力训练（名词、动词、形容词等）										
	词组理解	词组理解能力训练（并列词组、动宾词组等）										
	句子理解	句子理解能力训练（简单句、复杂句）										
b16710 口语表达	词语命名	词语命名能力训练（名词、动词、形容词等）										
	双音节词时长	音节时长控制训练										
	双音节词频率	基频变化能力、基频范围控制的训练										
	词组仿说	词组仿说能力训练										
	句式仿说	句式仿说能力训练（简单句、复杂句）										
	看图叙事	叙事顺序性、连贯性、流畅性、句法、韵律感、清晰度等训练										
成人语言功能												
b16700 口语理解	听觉理解	听回答训练 听选择训练 执行口头指令训练										
b16701 书面语理解	视觉理解	实物与图片匹配训练 文字与图片匹配训练 选词填空训练										

续表

治疗任务		治疗方法	康复医师	护士	物理治疗	作业治疗	言语治疗	心理工作	特教教师	初始值	目标值	最终值
b16710 口语表达	词语命名	高频词命名能力训练（视觉刺激、听觉刺激、视听继时、视听同时、续话、列名）										
	无意义音节复述	口腔轮替运动训练（声母，如 /pa-ta-ka/）										
	词语复述	高频词复述能力训练										
	双音节词时频	双音节词音节时长控制训练 基频变化能力、基频范围控制训练										
	句子复述	常用句复述能力训练										
	句子时频	句子音节时长控制训练 基频变化能力、基频范围控制训练										
	系列言语	数数训练 诗歌训练 唱歌训练										
	口语描述	叙事顺序性、连贯性、流畅性、句法、韵律感、清晰度等训练										
	朗读	朗读常用词语、句子的训练										
b16711 书面语表达	书写	写名字训练 写数字训练 听写词语训练 看图写词语训练 完形填空训练										
b16713 姿势语表达	肢体语言	肢体语言表达能力训练										

续表

治疗任务		治疗方法	康复医师	护士	物理治疗	作业治疗	言语治疗	心理工作	特教教师	初始值	目标值	最终值
认知功能												
b1561 视觉	颜色	指认常见颜色训练 命名常见颜色训练										
	图形	指认常见平面图形与立体图形训练 命名常见平面图形与立体图形训练										
	数概念	按物点数 按数取物 基数、序数、相邻数训练 简单数字运算训练										
	时间	认识时序 认识年龄发展规律 认识钟表										
	空间	认识里外 认识上下 认识前后 认识旁边、中间 认识左右										
	物体的量	认识大小、长短、胖瘦 认识高矮、粗细、多少 认识软硬、轻重、深浅、厚薄										
b163 基础认知	基础认知功能	数字推理训练 序列推理训练 同类匹配训练 异类鉴别训练										
b1400 注意力	保持注意力	注意稳定性训练 注意广度训练 注意分配训练 注意转移训练										
b144 记忆力	短时记忆力	短时记忆训练 内涵记忆训练 外部特征记忆训练										

续表

治疗任务		治疗方法	康复医师	护士	物理治疗	作业治疗	言语治疗	心理工作	特教教师	初始值	目标值	最终值
b144 记忆力	长时记忆	形象记忆训练 运动记忆训练										
b1565 视觉空间觉（观察力）	视觉空间觉	顺序观察训练 特征观察训练 视觉分割训练 插图观察训练										

* 关键字重音对比：治疗师先问问题，患者回答时将重音落在关键字上，如"这个人在打篮球么？——不，这个人在踢足球"。

* 语速控制：使用节拍器、节拍板，通过听觉提示或视觉提示来改善说话速度的问题。

* 吸气停顿：将句子中的成分组合成符合语法的小单位，利用在自然停顿处吸气的技巧，保持较自然的韵律节奏。如，今天早上，[吸气] 我去店里买东西。

* 语调练习：用线条来标明句子中的语调变化，紧接在字下方的线条表示平直的语调，离字下方较远的线条表示音调要下降，字上方的线条表示音调要上升。

二、基于 ICF 的言语语言功能治疗表

基于 ICF 的言语语言功能治疗表主要根据治疗计划表，给出每类障碍的阶段性治疗方法，以及所需要的康复工具。嗓音产生功能治疗表，如表 3-1-2；嗓音音质功能治疗表，如表 3-1-3；构音功能治疗表，如表 3-1-4；儿童语言功能治疗表，如表 3-1-5；成人语言功能治疗表，如表 3-1-6；认知功能治疗表，如表 3-1-7。

表 3-1-2　嗓音产生功能治疗表

治疗任务		治疗方法	
b3100 嗓音产生	最长声时（MPT）	**提高最长声时的训练**	**康复工具**
		情绪唤醒（线性延伸、空间想象） 发声诱导（线性延伸、空间想象）	康复设备 　SoundScope-L 　SoundScope-3D
		发声实时反馈训练（声音、起音感知）	ICF 转换器 康复设备 　言语障碍矫治仪 　软件
		提高呼吸支持能力的训练 　第一疗程：快速用力呼气训练 　第二疗程：缓慢平稳呼气训练 　第三疗程：逐字增加句长训练	ICF 转换器 康复手册 康复课件 教具玩具 康复设备 　言语障碍矫治仪 　软件
		发声实时反馈训练（时长、起音训练）	ICF 转换器 康复设备 　言语障碍矫治仪 　软件
	言语基频（F_0）	**升调训练内容**	**康复工具**
		情绪唤醒（线性延伸、空间想象） 发声诱导（线性延伸、空间想象）	康复设备 　SoundScope-L 　SoundScope-3D
		音调实时反馈训练	ICF 转换器
		升高音调的训练 　第一疗程：哼唱乐调训练 　第二疗程：升调发音训练一 　第三疗程：升调发音训练二 　第四疗程：升调说词语训练 　第五疗程：升调说句子训练	ICF 转换器 康复手册 康复课件 教具玩具 康复设备 　言语障碍矫治仪 　软件
		音调实时反馈训练（音调训练）	ICF 转换器 康复设备 　言语障碍矫治仪 　软件
		降调训练内容	**康复工具**
		情绪唤醒（线性延伸、空间想象） 发声诱导（线性延伸、空间想象）	康复设备 　SoundScope-L 　SoundScope-3D

续表

治疗任务		治疗方法	
b3100 嗓音产生	言语基频（F_0）	音调实时反馈训练（音调感知）	ICF 转换器 康复设备 　言语障碍矫治仪软件
		降调训练内容	**康复工具**
		降低音调的训练 　第一疗程：哼唱乐调训练 　第二疗程：降调发音训练一 　第三疗程：降调发音训练二 　第四疗程：降调说词语训练 　第五疗程：降调说句子训练	ICF 转换器 康复手册 康复课件 教具玩具 康复设备 　言语障碍矫治仪软件
		音调实时反馈训练（音调训练）	ICF 转换器 康复设备 　言语障碍矫治仪软件
	基频震颤（F_0t）	**增加基频震颤训练内容**	**康复工具**
		情绪唤醒（线性延伸、空间想象） 发声诱导（线性延伸、空间想象）	康复设备 　SoundScope-L 　SoundScope-3D
		音调实时反馈训练（音调感知）	ICF 转换器 康复设备 　言语障碍矫治仪软件
		增加基频震颤的训练 　第一疗程：放松训练 　第二疗程：增加声时训练 　第三疗程：变调发单音节词训练 　第四疗程：变调说词语训练 　第五疗程：变调说句子训练	ICF 转换器 康复手册 康复课件 教具玩具 康复设备 　言语障碍矫治仪软件
		音调实时反馈训练（音调训练）	ICF 转换器 康复设备 　言语障碍矫治仪软件
		稳定基频震颤训练内容	**康复工具**
		情绪唤醒（线性延伸、空间想象） 发声诱导（线性延伸、空间想象）	康复设备 　SoundScope-L 　SoundScope-3D

续表

治疗任务		治疗方法	
b3100 嗓音产生	基频震颤 (F_0t)	响度实时反馈训练（响度感知）	ICF 转换器 康复设备 　言语障碍矫治仪软件
		稳定基频震颤训练内容	**康复工具**
		增加基频震颤的训练 　第一疗程：放松训练 　第二疗程：增加声时训练 　第三疗程：稳定响度发单音节词训练 　第四疗程：稳定响度说词语训练 　第五疗程：稳定响度说句子训练	ICF 转换器 康复手册 康复课件 教具玩具 康复设备 　言语障碍矫治仪软件
		响度实时反馈训练（响度训练）	ICF 转换器 康复设备 　言语障碍矫治仪软件
	声带接触率（CQ）	**提高呼吸与发声协调性（减少硬起音）训练内容**	**康复工具**
		情绪唤醒（线性延伸、空间想象） 发声诱导（线性延伸、空间想象）	康复设备 SoundScope-L SoundScope-3D
		声学信号及电声门图 CQ 信号反馈 起音实时反馈训练（起音感知）	ICF 转换器 康复设备 　言语障碍矫治仪软件
		提高呼吸与发声协调性（减少硬起音）训练 　第一疗程：气息式发音训练 　第二疗程：唱音训练 　第三疗程：哼音训练一 　第四疗程：哼音训练二	ICF 转换器 康复手册 康复课件 教具玩具 康复设备 　言语障碍矫治仪软件
		起音实时反馈训练（起音训练）	ICF 转换器 康复设备 　言语障碍矫治仪软件
		提高呼吸与发声协调性（减少软起音）训练内容	**康复工具**
		情绪唤醒（线性延伸、空间想象） 发声诱导（线性延伸、空间想象）	康复设备 SoundScope-L SoundScope-3D

续表

治疗任务		治疗方法	
b3100 嗓音产生	声带接触率（CQ）	声学信号及电声门图 CQ 信号反馈 起音实时反馈训练（起音感知）	ICF 转换器 康复设备 　言语障碍矫治仪软件
		提高呼吸与发声协调性（减少软起音）训练内容	**康复工具**
		提高呼吸与发声协调性（减少软起音）训练 　第一疗程：甩臂后推训练 　第二疗程：甩臂后推和唱音训练 　第三疗程：哼音训练一 　第四疗程：哼音训练二	ICF 转换器 康复手册 康复课件 教具玩具 康复设备 　言语障碍矫治仪软件
		起音实时反馈训练（起音训练）	ICF 转换器 康复设备 　言语障碍矫治仪软件

表 3-1-3　嗓音音质功能治疗表

治疗任务		治疗方法	
b3101 嗓音音质	口腔后位聚焦（/i/ 的 F_2）	**减少后位聚焦训练内容**	**康复工具**
		情绪唤醒（线性延伸、空间想象） 发声诱导（线性延伸、空间想象）	康复设备 　SoundScope-L 　SoundScope-3D
		减少后位聚焦的训练 　第一疗程：掌握口腔放松训练 　第二疗程：伸舌法训练 　第三疗程：前位音法训练	ICF 转换器 康复手册 康复课件 教具玩具 康复设备 　言语障碍测量仪软件
		共鸣实时反馈训练（共振峰 F_2）	ICF 转换器 康复设备 　言语障碍测量仪软件
	口腔前位聚焦（/u/ 的 F_2）	**减少前位聚焦训练内容**	**康复工具**
		情绪唤醒（线性延伸、空间想象） 发声诱导（线性延伸、空间想象）	康复设备 　SoundScope-L 　SoundScope-3D

续表

治疗任务		治疗方法	
b3101 嗓音音质	口腔前位聚焦（/u/ 的 F_2）	减少前位聚焦的训练 　第一疗程：掌握口腔放松训练 　第二疗程：后位音法训练	ICF 转换器 康复手册 康复课件 教具玩具 康复设备 　言语障碍测量仪软件
		共鸣实时反馈训练（共振峰 F_2）	ICF 转换器 康复设备 　言语障碍测量仪软件
	基频微扰（Jitter）、幅度微扰（Shimmer）	**减少粗糙声训练内容**	**康复工具**
		情绪唤醒（线性延伸；空间想象） 发声诱导（线性延伸；空间想象）	康复设备 SoundScope-L SoundScope-3D
		声学信号 Jitter、Shimmer 反馈 清浊音实时反馈训练（清浊音感知） 音调实时反馈训练（音调感知） 响度实时反馈训练（响度感知）	ICF 转换器 康复设备 Dr.HRS-VS 　言语障碍矫治仪软件
		减少粗糙声及嘶哑声训练 　第一疗程：喉部放松训练 　第二疗程：促进声带闭合训练 　第三疗程：改善发声音质训练法	ICF 转换器 康复手册 康复课件 教具玩具 康复设备 Dr.HRS-VS
		清浊音实时反馈（清浊音训练） 音调实时反馈训练（音调训练） 响度实时反馈训练（响度训练）	ICF 转换器 康复设备 Dr.HRS-VS 　言语障碍矫治仪软件
	声门噪声（NNE）（气息声）	**减少气息声训练内容**	**康复工具**
		情绪唤醒（线性延伸、空间想象） 发声诱导（线性延伸、空间想象）	康复设备 SoundScope-L SoundScope-3D
		声学信号（NNE）反馈 清浊音实时反馈训练（清浊音感知） 响度实时反馈训练（响度感知）	ICF 转换器 康复设备 Dr.HRS-VS 　言语障碍矫治仪软件

续表

治疗任务		治疗方法		
b3101 嗓音音质	声门噪声（NNE）（气息声）	减少气息声训练内容		康复工具
		减少气息声训练 　第一疗程：喉部放松训练 　第二疗程：提高声带闭合能力训练 　第三疗程：改善音质训练		ICF 转换器 康复手册 康复课件 教具玩具 康复设备 　Dr.HRS-VS
		清浊音实时反馈训练（清浊音训练） 响度实时反馈训练（响度训练）		ICF 转换器 康复设备 　Dr.HRS-VS 　言语障碍矫治仪软件
	鼻音功能亢进（NL）	改善鼻音功能亢进训练内容		康复工具
		情绪唤醒（线性延伸、空间想象） 发声诱导（线性延伸、空间想象）		康复设备 　SoundScope-L 　SoundScope-3D
		减少鼻音功能亢进的训练 　第一疗程：口腔共鸣训练 　第二疗程：高元音和单音节词的口腔共鸣训练 　第三疗程：双音节词的口腔共鸣训练		康复手册 康复课件 教具玩具 ICF 转换器 康复设备 　鼻音障碍测量与训练仪软件
		鼻/口腔实时反馈（NL，LPC）		ICF 转换器 康复设备 　鼻音障碍测量与训练仪软件
	鼻音功能低下（NL）	改善鼻音功能低下训练内容		康复工具
		情绪唤醒（线性延伸、空间想象） 发声诱导（线性延伸、空间想象）		康复设备 　SoundScope-L 　SoundScope-3D
		减少鼻音功能低下的训练 　第一疗程：鼻腔共鸣训练 　第二疗程：词语的鼻腔共鸣训练 　第三疗程：短语和句子的鼻腔共鸣训练		康复手册 康复课件 教具玩具 ICF 转换器 康复设备 　鼻音障碍测量与训练仪软件
		鼻/口腔实时反馈（NL，LPC）		ICF 转换器 康复设备 　鼻音障碍测量与训练仪软件

表 3-1-4 构音功能治疗表

治疗任务	治疗方法		康复工具
		口部运动训练内容	
b320构音功能	口部触觉 — 增强下颌感知觉训练	指尖控制法、手掌控制法	ICF 转换器 康复设备 　构音障碍测量与康复训练仪软件 康复辅具 　口部构音运动训练器
	口部触觉 — 增强唇感知觉训练	协助指压法、自助指压法、振动法、吸吮法	
	口部触觉 — 增强舌感知觉训练	向上刷舌尖法、横向刷舌尖法、前后刷舌尖法、后前刷舌尖法、后前刷舌侧缘法、一二三拍打法、捉迷藏法、舌尖与脸颊相碰法	
	下颌运动 — 提高咬肌肌力训练	深压咬肌法、敲打咬肌法、拉伸咬肌法、振动咬肌法	
	下颌运动 — 下颌运动受限训练	咀嚼法、高位抵抗法、高低位交替抵抗法	
	下颌运动 — 下颌运动过度训练	低位抵抗法、前位控制法、侧向控制法	
	下颌运动 — 下颌分级控制训练	低位控制法、咬住大物体法、大半开位控制法、小半开位控制法、咬住小物体法、高位控制法、杯子喝水法	
	下颌运动 — 下颌转换运动训练	低位控制法、咬住大物体法、大半开位控制法、小半开位控制法、咬住小物体法、高位控制法、杯子喝水法	
	唇运动 — 提高唇肌肌力训练（肌张力过高）	按摩面部法、减少上唇回缩法、减少唇侧向回缩法、减少下唇回缩法	
	唇运动 — 提高唇肌肌力训练（肌张力过低）	抵抗法、对捏法、唇部拉伸法、脸部拉伸法	
	唇运动 — 圆唇运动训练	吸管进食法、感觉酸的表情法、吹卷龙法、拉纽扣法、唇操器法、面条练习法、唇运动训练器法	
	唇运动 — 展唇运动训练	杯子进食法、模仿大笑	
	唇运动 — 唇闭合运动训练	勺子进食法、唇部按摩法、发哑舌音法、出声吻法、夹住压舌板法	

续表

治疗任务	治疗方法		
		口部运动训练内容	康复工具
b320构音功能	唇运动	唇齿接触运动训练	发唇齿音法	
		圆展交替运动训练	微笑法、亲吻法、皱眉法、唇交替运动法	
	舌运动	提高舌肌肌力训练	推舌法、舌尖后推法、挤舌法、挤推联用法、挤推齿脊法、侧推舌尖法、舌尖上抬法、下压舌尖法、上推舌体法、侧推舌体法、下压舌体法、左右两半上抬法	ICF 转换器 康复设备 构音障碍测量与康复训练仪软件 康复辅具 口部构音运动训练器
		促进舌后缘上抬训练	刷舌后侧缘法、舌后侧缘上推法	
		舌向前运动训练	舌尖向上伸展法、舌尖向下伸展法、舌尖上卷法、舌尖顶脸颊法、舌尖舔嘴角法、舌尖洗牙外表面法、舌尖洗牙水平面法	
		舌向后运动训练	咀嚼刺激法、深压舌后部法	
		马蹄形上抬运动训练	舌与上齿龈吸吮法、舌与上齿吸吮法、舌尖发音法、压舌板刺激法、按摩刷刺激法、吸管刺激法	
		舌后部上抬运动训练	敲击舌中线刺激法、舌后位运动训练法、发 k 音法	
		舌侧缘上抬运动训练	舌侧缘刺激法、向中线压舌法、向下压舌侧缘法、刺激上颚法、食物转送法、白齿咀嚼法	
		舌尖上抬与下降运动训练	舌尖舔物法、舌尖上下运动法、舌尖运动法、舔硬腭法、压舌尖法、刷舌尖法、舌尖推物法、隆起舌尖法、舌尖侧边推物法	
		舌前部上抬运动训练	舌前部拱起法、舌前位运动训练法、舌体与硬腭吸吮法	

续表

治疗任务		治疗方法	
		构音训练内容	康复工具
b320 构音 功能	声母音位 习得、 声母音位 对比、 构音清晰 度提高	音位诱导： 　发音部位的诱导 　发音方式的诱导	康复设备 　构音障碍测量与 康复训练仪软件 　构音语音训练器
		音位习得： 　/声母+单元音/单音节词的习得训练（结合慢板节奏二进行） 　其他单音节词的习得训练 　单音节词习得与言语支持结合（停顿起音、音节时长或音调变化），结合语音自反馈 　双音节词的习得训练（结合慢板节奏二） 　三音节词的习得训练	ICF转换器 康复设备 　构音障碍测量与 康复训练仪软件 　言语重读干预软件 　言语矫治仪软件 　言语障碍测量仪软件 教具玩具
		音位对比： 　音位对的听觉识别训练 　音位对比训练 　音位对比与行板节奏结合训练 　音位对比与言语支持（停顿起音、音节时长或音调变化）结合训练	ICF转换器 康复设备 　构音障碍测量与 康复训练仪软件 　言语重读干预软件 　言语矫治仪软件 　言语障碍测量仪软件 教具玩具

表3-1-5　儿童语言功能治疗表

治疗任务		治疗方法	
		名词训练内容	康复工具
b16700 口语 理解	提高词语 理解能力	常见人称名词、常见身体部位名词、常见动物类名词、常见水果类名词、常见食物类名词、常见蔬菜类名词、常见盥洗用品类名词、常见家具类名词、常见家电类名词、常见厨房用品类名词、常见交通工具类名词、常用方位名词、常用时间名词	ICF转换器 康复设备 　早期语言障碍评估与干预仪软件 康复课件 教具玩具
		动词训练内容	康复工具
		根据指令做出简单动作 动词"走、跑、爬、跳"等 名词+动词"小狗跑、小兔跳、乌龟爬"等 动词+名词"浇水、挖路、抱宝宝、拿苹果、打伞"等 时间词+动词"早上喝、中午吃"等 动词+代词"给你、打他、骂我"等	ICF转换器 康复设备 　早期语言障碍评估与干预仪软件 康复课件 教具玩具

续表

治疗任务	治疗方法		康复工具
b16700 口语理解	形容词训练内容		康复工具
	外形特征类形容词"大、小、胖、瘦、高、低、红、绿、黑、白"等 性质评价类形容词"好、坏、错、对、一样、年轻"等 机体感觉类形容词"饿、疼、累、酸、甜、苦、辣"等 品行行为类形容词"听话、调皮、淘气、乖"等 事件情景类形容词"好玩、危险"等 情绪情感类形容词"高兴、急、快乐、开心、舒服"等	提高词语理解能力	ICF 转换器 康复设备 　早期语言障碍评估与干预仪软件 教具玩具
	代词训练内容		康复工具
	第一人称代词"我、我们"等 第二人称代词"你、你们"等 第三人称代词"他、他们"等		ICF 转换器 康复设备 　早期语言障碍评估与干预仪软件 教具玩具
	日常用语训练内容		康复工具
	指令听从 礼貌用语		ICF 转换器 康复设备 　早期语言障碍评估与干预仪软件 教具玩具
	陈述句训练内容		康复工具
	无修饰句 含一个修饰成分的句子 含两个修饰成分的简单修饰句 非可逆句 可逆句 比较句 比喻句 复句	提高句子理解能力	ICF 转换器 康复设备 　早期语言障碍评估与干预仪软件 教具玩具
	疑问句训练内容		康复工具
	是非疑问句 选择疑问句 正反疑问句 特指疑问句		ICF 转换器 康复设备 　早期语言障碍评估与干预仪软件 教具玩具

续表

治疗任务		治疗方法	
b16700 口语 理解	提高句子 理解能力	感叹句训练内容	康复工具
		能理解表达人物心情和强烈情感的句子	ICF 转换器 康复设备 早期语言障碍评估与干预仪软件 教具玩具
		祈使句训练内容	康复工具
		表示命令的祈使句 表示请求的祈使句 表示禁止的祈使句 表示劝阻的祈使句	ICF 转换器 康复设备 早期语言障碍评估与干预仪软件 教具玩具
b16710 口语 表达	提高口语 表达能力	语言训练内容	康复工具
		词语命名 　　命名指物名词、方位名词、时间名词 　　命名简单动词与动词词组 　　正确使用常见形容词	ICF 转换器 康复设备 早期语言评估与干预仪
		双音节词复述（复述双音节名词、动词）	ICF 转换器 康复设备 早期语言障碍评估与干预仪软件
		双音节时频 　　用最长声时法、逐字增加句长法来进行呼吸支持训练，提高音节时长的变化能力 　　用啭音法、音调梯度训练来提高音调变化能力	ICF 转换器 康复设备 言语矫治仪软件 言语语言综合训练仪软件
		句式仿说 　　仿说简单句 　　仿说复杂句	ICF 转换器 康复设备 早期语言障碍评估与干预仪软件 康复课件
		模仿句长（使用逐字增加句长法训练）	ICF 转换器 康复设备 言语矫治仪软件 言语语言综合训练仪软件
		看图叙事	ICF 转换器 康复设备 早期语言障碍评估与干预仪软件

表 3-1-6　成人语言功能治疗表

治疗任务	治疗方法		康复工具
	语言训练内容		
b16700 口语 理解	提高理解 能力	通过多通道刺激模式（听觉、视觉、嗅觉、触觉）进行高频词相关的理解训练，刺激的选择顺序以优势刺激为先，带动受损刺激 1. 认识 2. 判断 3. 选择 4. 执行指令 5. 图文匹配 6. 图形核证 7. 选词填空	ICF 转换器 康复设备 　语言认知评估训练与沟通仪软件 　辅助沟通训练仪软件 教具
b16701 书面语 理解			
b16710 口语 表达	提高口语 表达能力	在言语功能（时频）受损的情况下进行言语语言综合训练，结合言语呼吸支持、呼吸发声协调训练提高患者的言语呼吸功能（针对伴有呼吸受损的患者），可借助语音自反馈进行 1. 词语复述 （1）口语诱导训练 （2）结合旋律语调治疗法（MIT）/Rosenbek 八步进程法 进行词语复述训练 （3）高频词的复述训练应该结合时长训练、音调训练（针对伴有发声功能受损的患者），同时采用语音自反馈来进行训练 2. 词语朗读 （1）认字训练 （2）朗读训练 3. 词语命名 （1）视觉刺激 （2）听觉刺激 （3）视听同时刺激 （4）视听继时刺激 （5）列名训练 （6）续话训练 4. 句子复述 （1）通过逐字增加句长法来进行句子的复述训练 （2）结合旋律语调治疗法（MIT）/Rosenbek 八步进程法进行句子复述训练 5. 句子朗读 6. 口语描述 （1）事件排序 （2）提示促进法 （3）事件联想法 （4）交流效果促进法（Promoting Aphasics Communication Effectiveness，简称 PACE）	ICF 转换器 康复设备 　语言认知评估训练与沟通仪软件 　口语诱导软件 教具

续表

治疗任务		治疗方法	
		训练方法	康复工具
b16711 书面语 表达	书写	1. 组字训练 2. 即时抄写训练 3. 延迟抄写训练 4. 听写训练 5. 看图写词语	ICF 转换器 康复设备 　语言认知评估训 练与沟通仪软件 　联想视听统合训 练仪软件 教具
b16713 姿势语 表达	肢体语言	肢体语言理解与表达训练	教具

表 3-1-7　认知功能治疗表

治疗任务		治疗方法	
		训练方法	康复工具
b1561 视觉	颜色	指认常见颜色 命名常见颜色	ICF 转换器 康复课件1 教具
	图形	指认常见平面图形与立体图形 命名常见平面图形与立体图形	ICF 转换器 康复课件1 教具
	数概念	按物点数 按数取物 认识基数、序数、相邻数 完成简单数字运算	ICF 转换器 康复课件1 教具玩具平台 教具
	时间	认识时序 认识年龄发展规律 认识钟表	ICF 转换器 康复课件1 教具
	空间	认识里外、上下、前后、旁边与中间、左右	ICF 转换器 康复课件1 教具
	物体的量 与程度	认识大小、长短、胖瘦、高矮、粗细、软硬、多少、轻重、深浅、厚薄	ICF 转换器 康复课件1 教具
b163 基础 认知 功能	基础认知 功能	数字推理训练 图形推理训练 序列推理训练 同类匹配训练 异类鉴别训练	ICF 转换器 康复设备 　语言认知能力评 估与康复训练仪软件

续表

治疗任务		治疗方法	
		训练方法	康复工具
b1400 注意力	保持注意力	注意稳定性训练 注意广度训练 注意分配训练 注意转移训练	ICF 转换器 康复设备 　认知能力评估与 康复训练仪软件 康复课件 2
b144 记忆力	短时记忆力	短时记忆训练 内涵记忆训练 外部特征记忆训练	ICF 转换器 康复设备 　认知能力评估与 康复训练仪软件 康复课件 2
	长时记忆	形象记忆训练 运动记忆训练	
b1565 视觉空间觉（观察力）	视觉空间觉	顺序观察训练 特征观察训练 视觉分割训练 插图观察训练	ICF 转换器 康复设备 　认知能力评估与 康复训练仪软件 康复课件 2

注："康复课件 1" 源自康复云平台—认知康复课件—启蒙知识训练；"康复课件 2" 源自康复云平台—认知康复课件—基本认知能力训练。

三、基于 ICF 的言语语言疗效评价

基于 ICF 的言语语言疗效评价用于治疗前后的对比，以便监控治疗效果。一般依据受训者的功能恢复状况选择监控的周数，对于恢复比较快的嗓音、构音等功能，可 1 周监控一次，对于恢复比较慢的语言、认知等功能，可 4—8 周监控一次。基于 ICF 的言语语言疗效评价表见表 3-1-8，各板块 ICF 类目以及对应的评价指标分别见表 3-1-9、3-1-10、3-1-11、3-1-12、3-1-13。

表 3-1-8　基于 ICF 的言语语言疗效评价表

ICF 类目组合	初期评估						目标值	中期评估（康复__周）							目标达成	末期评估（康复__周）							目标达成
	ICF 限定值							干预	ICF 限定值							干预	ICF 限定值						
	问题								问题								问题						
	0	1	2	3	4				0	1	2	3	4				0	1	2	3	4		
言语嗓音功能																							
构音语音功能																							
儿童语言功能																							
成人语言功能																							
认知功能																							

（一）言语嗓音功能疗效评价

言语嗓音功能方面的疗效评价表，如表 3-1-9。

表 3-1-9　言语嗓音功能疗效评价表

ICF 类目组合		初期评估						目标值	中期评估（康复__周）							目标达成	末期评估（康复__周）							目标达成
		ICF 限定值							干预	ICF 限定值							干预	ICF 限定值						
		问题								问题								问题						
		0	1	2	3	4				0	1	2	3	4				0	1	2	3	4		
言语嗓音功能																								
b3100 嗓音产生	最长声时（MPT）																							
	最大数数能力（cMCA）																							
	言语基频（F_0）																							
	基频震颤（F_0t）																							
	频段能量集中率（Ec）																							

续表

ICF 类目组合		初期评估						目标值	中期评估（康复__周）							目标达成	末期评估（康复__周）							目标达成
		ICF 限定值							干预	ICF 限定值							干预	ICF 限定值					
		问题								问题								问题					
		0	1	2	3	4				0	1	2	3	4				0	1	2	3	4	
b3100 嗓音产生	声带接触率（CQ）																						
	接触率微扰（CQP）																						
b3101 嗓音音质	基频微扰（Jitter）（粗糙声）																						
	声门噪声（NNE）（气息声）																						
	幅度微扰（Shimmer）（嘶哑声）																						
	共振峰频率（F_2/i/）																						
	共振峰频率（F_2/u/）																						
	鼻流量（NL）																						
	鼻、口腔共鸣比（NOR）																						

（二）构音语音功能疗效评价

构音语音功能方面的疗效评价表，如表 3-1-10。

表 3-1-10 构音语音功能疗效评价表

ICF 类目组合		初期评估					目标值	中期评估（康复__周）						目标达成	末期评估（康复__周）						目标达成
		ICF 限定值						干预	ICF 限定值						干预	ICF 限定值					
		问题							问题							问题					
		0	1	2	3	4			0	1	2	3	4			0	1	2	3	4	
构音语音功能																						
b320 构音功能	声母音位习得																					
	声母音位对比																					
	构音清晰度																					
	口部感觉																					
	下颌运动																					
	唇运动																					
b320 构音功能	舌运动																					
b3300 言语流畅	口腔轮替运动	音节时长																				
		浊音时长																				
		停顿时长																				
	连续语音能力	音节时长																				
		停顿时长																				
b3301 言语节律	幅度标准差																					
	重音音节总时长																					
	重音出现率																					
b3302 语速	口腔轮替运动	言语速率																				
		浊音速率																				
	连续语音能力	言语速率																				
		构音速率																				

续表

ICF 类目组合		初期评估						目标值	中期评估（康复__周）							目标达成	末期评估（康复__周）							目标达成
		ICF 限定值							干预	ICF 限定值							干预	ICF 限定值					
		问题								问题								问题					
		0	1	2	3	4				0	1	2	3	4				0	1	2	3	4	
b3303 语调	基频标准差																						
	言语基频动态范围																						
	基频突变出现率																						

（三）儿童语言功能疗效评价

儿童语言功能方面的疗效评价表，如表 3-1-11。

表 3-1-11 儿童语言功能疗效评价表

ICF 类目组合		初期评估					目标值	中期评估（康复__周）							目标达成	末期评估（康复__周）							目标达成
		ICF 限定值						干预	ICF 限定值							干预	ICF 限定值						
		问题							问题								问题						
		0	1	2	3	4			0	1	2	3	4				0	1	2	3	4	
儿童语言功能																							
b16700 口语理解	词语理解																						
	词组理解																						
	句子理解																						
b16710 口语表达	词语命名																						
	双音节词时长（2cvT）																						
	双音节词基频（$2cvF_0$）																						
	句式仿说																						
	看图叙事																						

(四)成人语言功能疗效评价

成人语言功能方面的疗效评价表,如表 3-1-12。

表 3-1-12 成人语言功能疗效评价表

ICF 类目组合		初期评估						目标值	中期评估 (康复__周)							目标达成	末期评估 (康复__周)							目标达成
		ICF 限定值							干预	ICF 限定值							干预	ICF 限定值					
		问题								问题								问题					
		0	1	2	3	4				0	1	2	3	4				0	1	2	3	4	
语言功能																								
b16700 口语理解	听觉理解																							
b16701 书面语理解	视觉理解																							
b16708 其他特指的语言理解	右脑功能																							
b16710 口语表达	词语命名																							
b16710 口语表达	简单复述																							
	词语复述																							
	双音节词时长(2cvT)																							
	双音节词基频($2cvF_0$)																							
	句子复述																							
	句子时长																							
	句子基频																							

续表

ICF 类目组合		初期评估					目标值	中期评估 （康复__周）						目标达成	末期评估 （康复__周）						目标达成
		ICF 限定值						干预	ICF 限定值						干预	ICF 限定值					
		问题							问题							问题					
		0	1	2	3	4			0	1	2	3	4			0	1	2	3	4	
b16710 口语表达	系列言语																				
b16710 口语表达	口语描述																				
	朗读																				
b16712 书面语表达	书写																				
b16713 姿势语表达	肢体语言																				

（五）认知功能疗效评价

认知功能方面的疗效评价表，如表 3-1-13。

表 3-1-13　认知功能疗效评价表

ICF 类目组合		初期评估					目标值	中期评估 （康复__周）						目标达成	末期评估 （康复__周）						目标达成
		ICF 限定值						干预	ICF 限定值						干预	ICF 限定值					
		问题							问题							问题					
		0	1	2	3	4			0	1	2	3	4			0	1	2	3	4	
认知功能																						
b1561 视觉	颜色																					
	图形																					
	数字																					
	时间																					
	空间																					
	物体的量和程度																					

续表

ICF 类目组合		初期评估					目标值	中期评估（康复__周）							目标达成	末期评估（康复__周）							目标达成
		ICF 限定值						干预	ICF 限定值							干预	ICF 限定值						
		问题							问题								问题						
		0	1	2	3	4			0	1	2	3	4				0	1	2	3	4		
b163 基础认知功能	基础认知功能																						
b1400 注意力	保持注意力																						
b1440 短时记忆力	短时记忆力																						
b1441 长时记忆	长时记忆																						
b1565 视觉空间觉（观察力）	视觉空间觉																						

第二节　基于 ICF 的言语语言康复训练工具及方法

进行言语语言康复训练时，可以采用传统方法结合现代化设备治疗的方法，以提高训练效果。基于 ICF 的言语语言功能治疗表中列出的治疗方法，推荐使用以下康复训练工具辅助训练。

一、言语矫治仪软件

言语嗓音 ICF-RFT
核心疗法

言语矫治仪软件（DrHRS-VS：S2）是应用范围极为广泛的，融实时治疗与视听反馈技术为一体的言语矫治工具，为各类言语异常的矫治提供了有效的手段，如图 3-2-1。它提供 75 个实时的、可以激发言语产生的声控卡通游戏，以及 200 多个非声控的促进治疗法卡通游戏，为建立综合发音能力奠定基础。使用该软件时患者在发音后能立刻获得动画形式的视觉反馈，所以他们对这种形式活泼、参与性强的训练方法特别感兴趣。对于言语治疗师来说，这是个多用途的、功能独特的治疗工具。在患者玩游戏的同时，言语治疗师就能获得其特征曲线图和统计报告。这套工具还具有实时录放的功能，有助于提高治疗效果。使用该工具可进行 ICF-RFT 核心疗法的训练。

言语矫治仪软件通过对言语、构音、语音、鼻音信号进行实时检测处理，用于言语障碍的康复训练、疗效监控。通过实时言语促进视听反馈技术，可开展：（1）实时声音、音调、响度、起音、清浊音的感知及发音教育，如图 3-2-2；（2）言语呼吸、发声、共鸣、构音、汉语语音功能的视听反馈；（3）言语呼吸、发声、共鸣障碍的促进治疗（常用 39 种）；（4）采用单一被试技术对言语康复效果进行动态评估及全程监控，并根据汉语的言语功能评估标准提供个别化康复建议。为言语、构音、语音障碍的矫治提供相关信息，并提供相应的康复训练。

产品技术指标要求：实时言语信号性能方面，谐波频率误差 ±4%、基频实时响应速率 ≤ 6 ms、FFT 实时响应速率 ≤ 48 ms、LPC 实时响应速率 ≤ 45 ms，语谱图窄带实时分辨率为 12.7 ms ± 4%；电声门图信号频响性能方面，在 70 Hz—500 Hz 频率范围内 -3 dB—0 dB；静止噪声 ≤ 5 mV；电声门图电极性能方面，电极信号输出频率 2.5 MHz。

图 3-2-1　言语矫治仪软件

图 3-2-2　言语矫治仪软件训练页面

(一)"感知"模块的操作

以"音调感知"为例,进入游戏"热气球",随着患者发音时音调的高低转换,气球将从山峰到谷底之间转换,可从视、听觉上同步感知音调的变化,如图 3-2-3。

图 3-2-3　音调——热气球

除感知音调的训练之外,还有声音感知、发音教育、响度感知以及清浊音感知的认识练习等。

(二)"训练"模块的操作

以最长声时的训练为例,选择"训练"部分的"最长声时训练",进入"草莓"游戏,如图 3-2-4,患者发音时长越长,草莓运输的距离越远,当发音时长达到预设的时长目标后,游戏成功。

除最长声时的训练之外,还可以进行音调、响度的变化练习,以及清浊音的发音练习等。

图 3-2-4　最长声时训练——草莓

二、言语重读干预软件

言语重读干预软件（DrHRS-G：S6）是根据重读治疗法的原理设计而成的综合性训练工具，旨在帮助患者在采用正确呼吸方式的前提下，获得良好的音调变化能力，实现流畅的言语和语言韵律，促进呼吸、发声和共鸣三大系统功能的协调，如图 3-2-5。

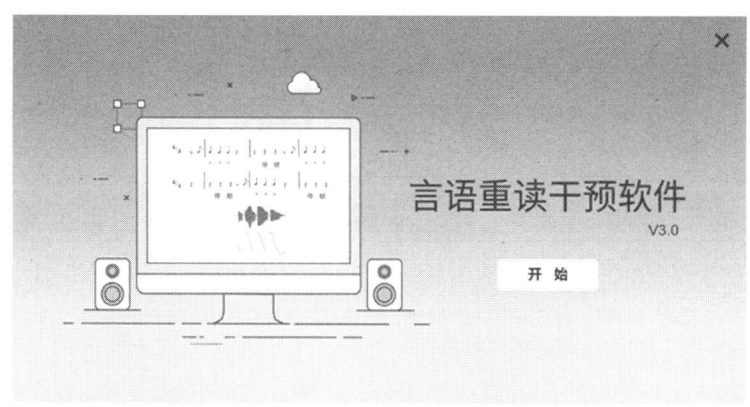

图 3-2-5　言语重读干预软件

言语重读干预仪软件通过对言语、言语韵律信号进行实时检测处理，用于言语韵律障碍的功能评估与康复训练。具体包括：通过实时多维建模技术为言语、构音、语音、鼻音功能检测提供技术参数，用于言语韵律、构音、语音、鼻音障碍的康复训练。可开展：（1）超音段音位（升调、降调、升降调）的康复训练；（2）字、词、句、段重读的双屏交互式实时反馈训练；（3）采用重读治疗法（慢板、行板、快板）进行言语诱导及言语韵律训练；（4）采用单一被试技术对言语康复效果进行动态评估及全程监控，并根据言语韵律评估标准提供个别化康复建议。

产品技术指标要求：实时言语信号性能方面，谐波频率误差 ±4%、基频实时响应速率 ≤ 6 ms、FFT 实时响应速率 ≤ 48 ms、LPC 实时响应速率 ≤ 45 ms；语谱图实时分辨率方面，窄带 60 Hz、中带 120 Hz、宽带 240 Hz，三种带宽的反应时间均为 12.7 ms ± 4%。

（一）音乐干预课程

根据患者的训练需要，在音乐干预课程中，可选择相应的乐器和节奏。窗口可自由切换到学生或教师录音窗口。要求患者做好发音准备后，模仿相应乐器的发音，可记录患者的发音并与标准发音对照，如图 3-2-6。此项训练可用来进行变调训练，也可用于提高患者对训练的兴趣。

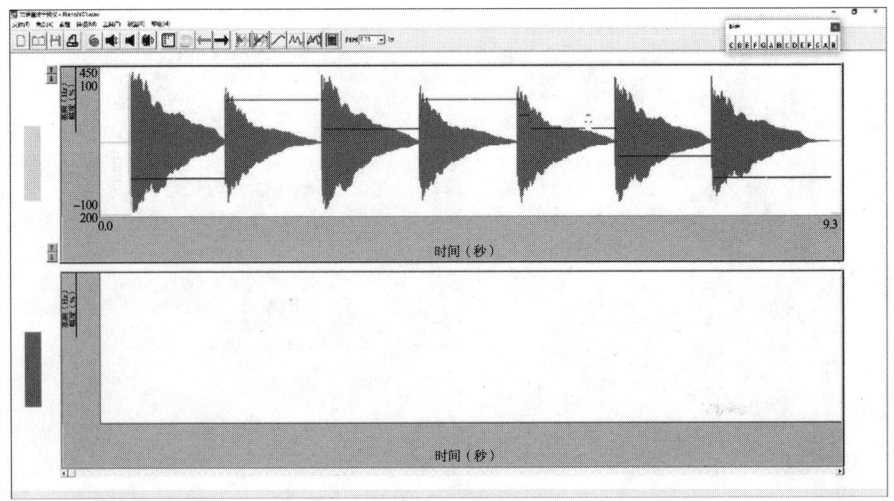

图 3-2-6　音乐干预课程

(二)重读治疗法课程

系统可提供不同节奏型示例给患者进行视听反馈训练,以慢板节奏型为例,如图 3-2-7,可选择"韵母"下的"慢板"节奏,根据韵母的不同发音特点,进行更有针对性的韵母训练,训练过程与音乐干预课程基本相似。

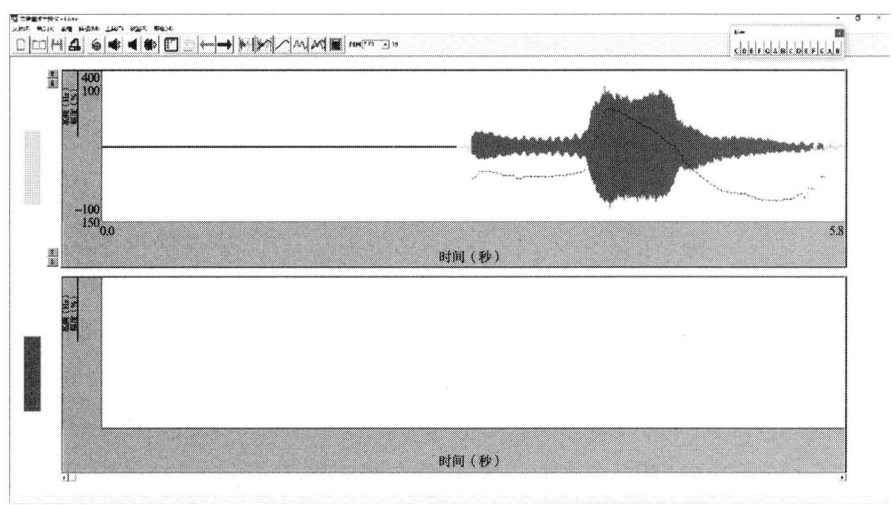

图 3-2-7　重读治疗法课程

(三)言语技能训练课程

此项课程对患者的构音能力要求较高,系统中提供了大量语料,包括词汇、词语、句子(基础)、句子(提高),供不同水平的患者进行语音的流畅性训练,如图 3-2-8。

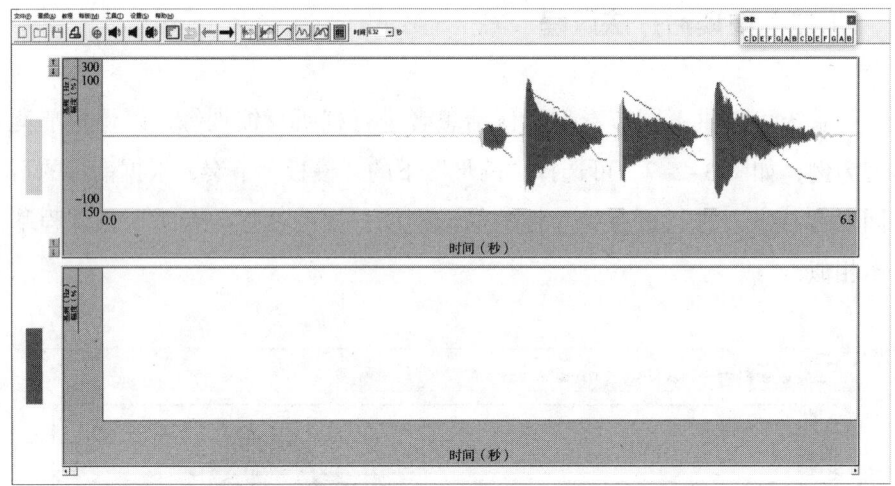

图 3-2-8　言语技能训练课程

（四）样板课程

选择教师窗口，可以录制教师的发音或者学生在训练过程中发音较好的言语材料（注意此时应重新设置教师窗口参数），将上述声音保存到系统默认的路径，作为样板课程以备之后使用。训练时可打开之前保存的样板课程，要求患者模仿样板课程中的录音进行发音，如图 3-2-9。

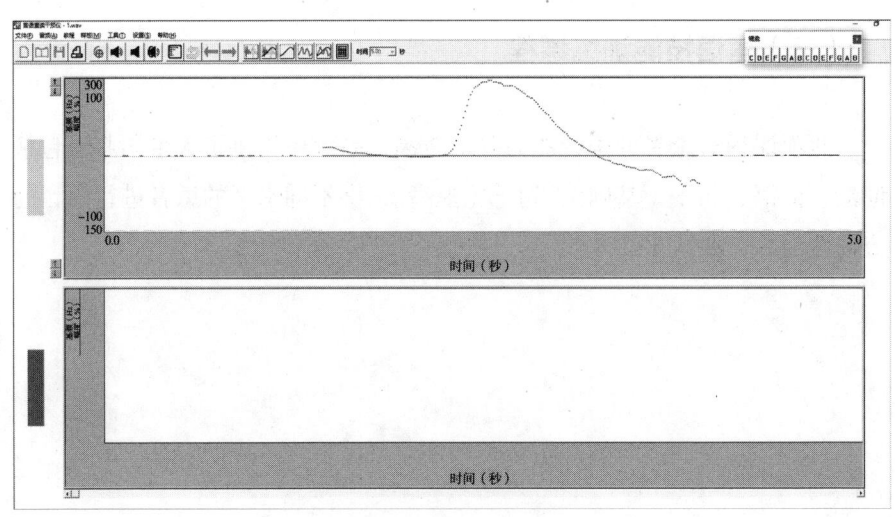

图 3-2-9　样板课程

三、构音障碍测量与康复训练仪软件

构音障碍测量与康复训练仪软件（DrHRS-APN：S3）是用于构音障碍康复训练的一款软件，如图 3-2-10，可开展实时口部运动治疗、实时构音运动训练、实时构音音位及语音自反馈训练。

图 3-2-10　构音障碍测量与康复训练仪软件

（一）口部运动治疗

口部运动治疗是多数患者构音功能训练的起点，主要目的在于提高构音器官运动的灵活性、稳定性、协调性及准确性，为日后清晰的构音奠定生理基础。要想把某个音发清楚，相应的构音器官的运动必须满足发该目标音所需要的运动要求，且要求准确和到位。口部运动治疗包括 40 多种针对下颌、唇、舌的训练方法，每一部分又包括促进治疗和自主运动两方面，旨在提高相应肌群的肌肉力量和运动控制，提高构音器官运动的范围和精确性。系统中所有的促进治疗皆配有文字解说和录像，供康复师学习、参考；自主运动治疗则配有文字解说和动画，诱导患者模仿相关动作，从而达到治疗的目的。下颌、唇、舌运动障碍治疗的主要内容如图 3-2-11、图 3-2-12。

图 3-2-11 下颌运动障碍治疗

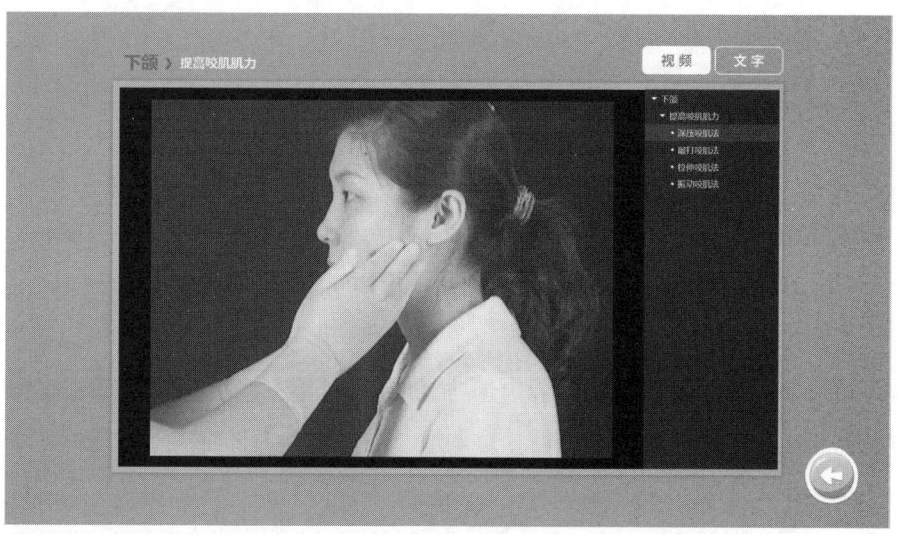

图 3-2-12 提高咬肌肌力

(二)构音运动治疗

构音运动治疗是口部运动治疗顺利过渡到构音语音治疗的必经之路。它的主要目的是通过选择特定的词,有目的地促进构音器官的精细分化,为构音语音训练奠定良好的基础。构音运动治疗主要通过重读治疗的形式进行,包括下颌韵母训练、唇韵母训练、舌韵母训练、唇声母训练、舌声母训练。

进入系统中的构音运动治疗板块,根据患者的情况选择合适的模块进行训练。如选择下颌韵母训练中的上位训练,进入下颌上位韵母构音运动治疗界面,如图 3-2-13,系统提供了单、双、三音节词语的慢板节奏二和行板节奏一,以构音重读的形式进行构音运动治疗。

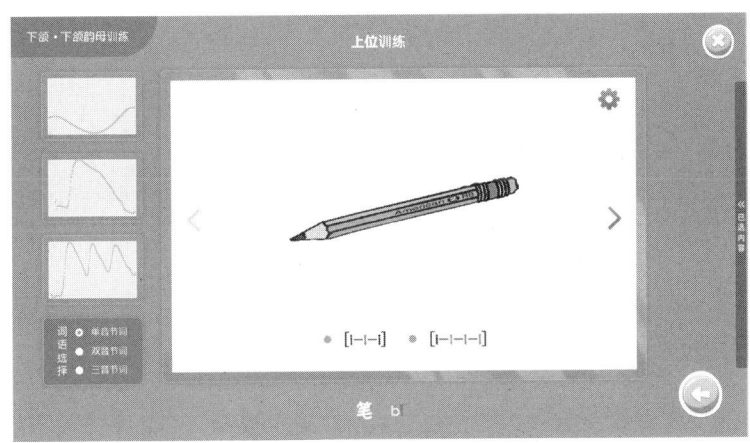

图 3-2-13　下颌上位韵母构音运动治疗界面

(三)构音语音训练

构音语音训练循序渐进地强化汉语言中 21 个声母的发音,均借助可爱的卡通图片或简单游戏形式来体现,由简到难,以提高声韵组合的构音清晰度,包括音位诱导、音位习得、音位对比和音位强化,如图 3-2-14。其中,音位诱导提供含有 21 个声母音位的典型词语,按照音位习得五个阶段编排,目标词语贴近生活,训练工具包括实物和卡通图片。音位习得同样按照音位习得五个阶段编排,包括含有 21 个声母的典型词语,内容包括单音节词、双音节词（前、后）、三音节词（前、中、后），用于强化不同声韵组合的构音练习，并强调要求在音节组合中不同位置都能清晰地发出目标音，其形式包括发音教育、发音练习、自选课程等。音位对比主要包括 25 对最小声母音位对，用于提高构音器官的精细运动能力，此外，还通过迷宫游戏，增强患者学习的趣味性。音位强化则采用生活主题和棋盘游戏两种形式，生活主题中采用常用句型来强化 21 个目标音位，棋盘游戏采用问答方式来强化自然言语中的发音。

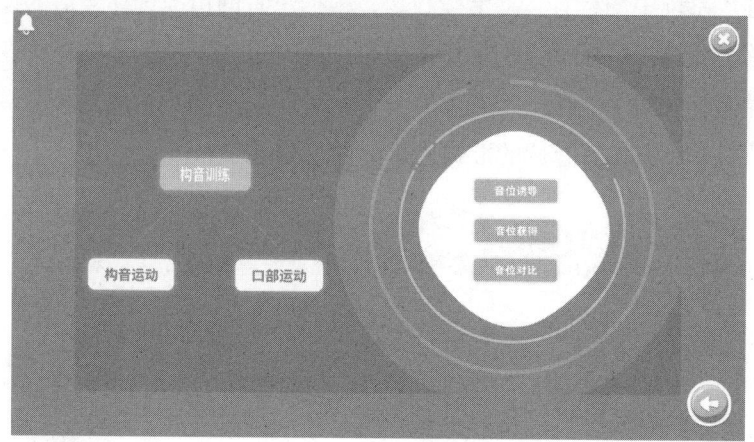

图 3-2-14　构音语音训练

1. 音位诱导训练

进入"音位诱导"主界面后，点击"发音教育"，即可展示相应目标音位本音和呼读音的构音运动动图，以及发音要点，如图 3-2-15。

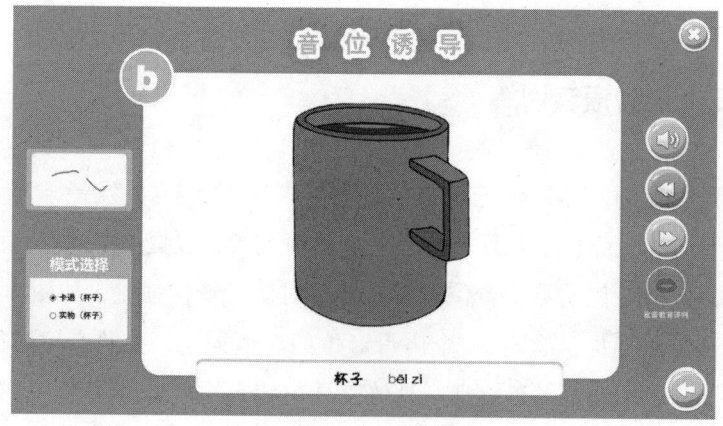

图 3-2-15　音位诱导训练

2. 音位习得训练

进入"音位习得"界面，可自由选择语料，训练内容以图片、示范音、声调图、拼音等形式来显示，训练时可进行录音以保存音频或进行发音评分。

3. 音位对比训练

在"音位对比"界面中央呈现的是25对常用音位对，如图3-2-16，"拓展"界面呈现的是特殊儿童容易发生错误的、与目标音位有关的音位对，如图3-2-17。

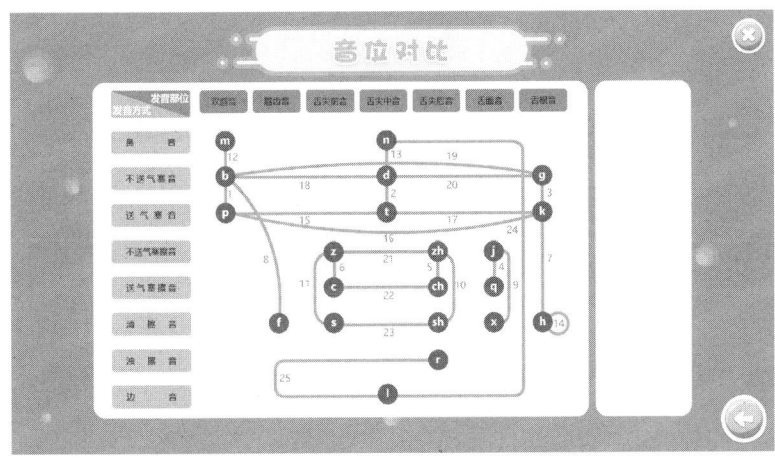

图3-2-16　25对常用音位对

图3-2-17　音位对比训练

4. 音位强化训练

进入"音位强化"界面，如图3-2-18，可通过选择系统中提供的主题，进行目标音位在日常生活环境中的强化。

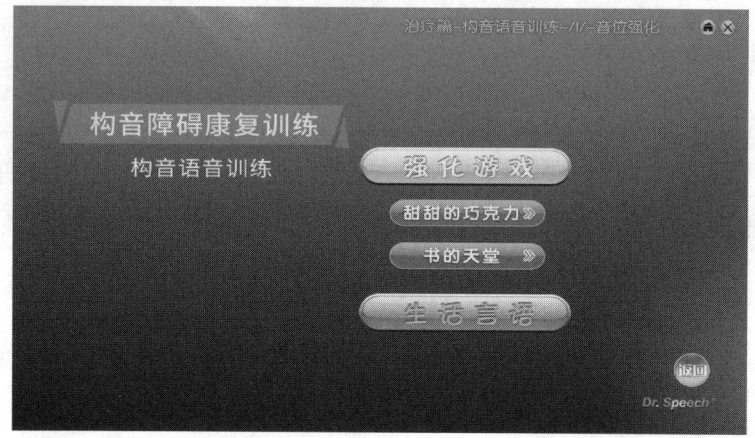

图3-2-18　音位强化

四、口部构音运动训练器

口部构音运动训练器包含口部运动训练器和构音语音训练器组件，是言语治疗师在为口部运动障碍和构音障碍的患者做口部运动治疗以及构音运动训练时可以选用的一套新型、实用、有效的训练工具，能够很好地改善患者的口部构音运动功能。其中，口部运动训练器包含咀嚼器、悬雍垂运动训练器、指套型乳牙刷、下颌运动训练器、唇肌刺激器、舌尖运动训练器、舌前位运动训练器、舌后位运动训练器、唇运动训练器、舌肌刺激器、压舌板等。构音语音训练器组件全套包含4个对声母音位 /r/、/s/、/sh/ 和 /l/ 进行构音语音训练的工具，可引导患者运用正确的舌位进行目标音位的发音，如图3-2-19。

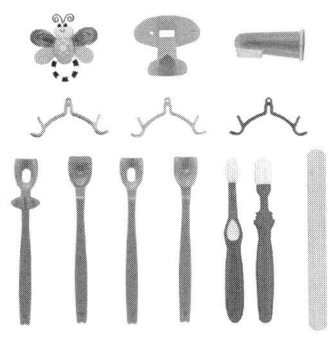 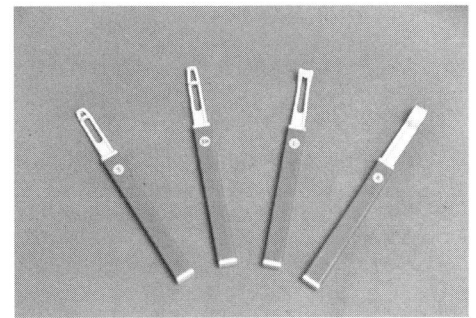

a. 口部运动训练器　　　　b. 构音语音训练器组件

图 3-2-19　口部构音运动训练器

五、早期语言障碍评估与干预仪软件

早期语言障碍评估与干预仪软件（DrHRS-LMB1：L4）是用于儿童语言康复训练的一款软件，如图 3-2-20，可开展学词语、学词组、学句子、学短文训练。

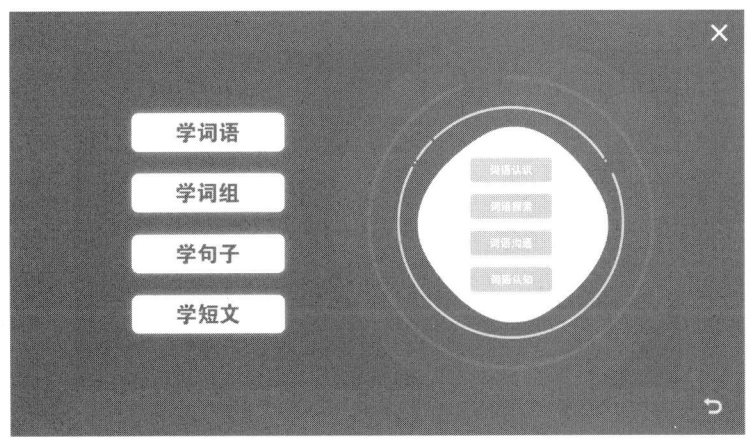

图 3-2-20　早期语言障碍评估与干预仪软件

（一）学词语训练

学词语训练主要适用于语言水平处于有意识交流阶段和单词句阶段的儿童。具体包括词语认识、词语探索、词语沟通、词语认知四部分内容，由易到难，引导儿童逐步掌握词语。词语认识部分包括 124 个名词和 50 个动词。词语认知部分包括 100 种物品的作用、描写特征的 32 对抽象词汇、表示类别的 23 个集合名称、60 对相互匹配的物品。

（二）学词组训练

学词组训练主要适用于语言发育水平处于学词组阶段的儿童，帮助儿童掌握汉语中最常用的五种词组形式，促进其对词组的理解，培养其词组概念的形成。五种词组主要包括并列词组、动宾词组、主谓词组、偏正词组、介宾词组，如图 3-2-21。

图 3-2-21　学词组训练

（三）学句子训练

学句子训练主要适用于语言水平处于早期造句阶段和熟练造句阶段的儿童，用于培养儿童理解简单句、常用句及运用所学句子表达日常所需的能力，如图 3-2-22。主要包括简单句、常用句训练，可分为句子认识训练与句子认知训练两大板块。

图 3-2-22　学句子训练

（四）学短文训练

学短文训练主要适用于语法派生阶段的儿童，发展儿童完整的语法规则，并通过语法结构和语义建立语言学体系，发展其阅读和书写的技能。在巩固词语、词组和句型的基础上，培养儿童理解短文、把握文中主要信息的能力，以及运用句群表达日常事件的能力，使其能够有条理地将句子组织成短文，培养儿童主动发起话题和维持话题的能力。具体包括 40 个小故事，每个故事配有语言水平不同的两篇有趣而简单的短文，如图 3-2-23。

图 3-2-23　学短文训练

六、语言认知评估训练与沟通仪软件——失语症训练系统

语言认知评估训练与沟通仪软件——失语症训练系统（DrHRS-LMB1：L5）是基于语音信号处理技术、实时语音反馈技术和语言康复理论，针对失语症患者设计的一种现代化康复工具。该软件具有标准化、系统化特征，用于失语症功能评估与康复训练，适用对象为由脑血管意外、脑外伤、脑肿瘤、脑膜炎、脑炎等原因引起失语症的患者，除有明显意识障碍、严重情感行为异常和重症精神病患者不适用外，其他所有类型的失语症均适用。

语言认知评估训练与沟通仪软件——失语症训练系统通过多种训练形式，利用视觉刺激和听觉刺激，从听觉、视觉等多通道对患者进行刺激，充分利用患者的优势刺激模式。训练内容选用日常生活常见词语，合理编排训练内容，循序渐进地训练患者的口语理解、书面语理解、口语表达和书面语表达能力。

（一）口语理解训练

口语理解训练包括认识、判断、选择和执行指令四种训练形式，患者根据口语信息，做出相应的反应，如图 3-2-24。

图 3-2-24 口语理解训练

（二）书面语理解训练

书面语理解训练包括图文匹配、图形核证和选词填空三种训练形式，通过将文字信息和具体图形结合，训练书面语理解能力，如图3-2-25。

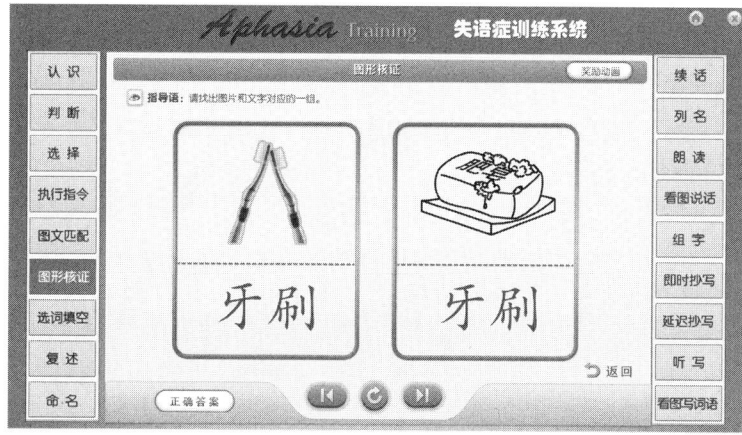

图 3-2-25　书面语理解训练

（三）口语表达训练

口语表达训练包括复述、命名、续话、列名、朗读和看图说话等训练形式，以听觉和视觉刺激材料为诱导，有针对性地训练患者的口头表达能力，如图3-2-26。

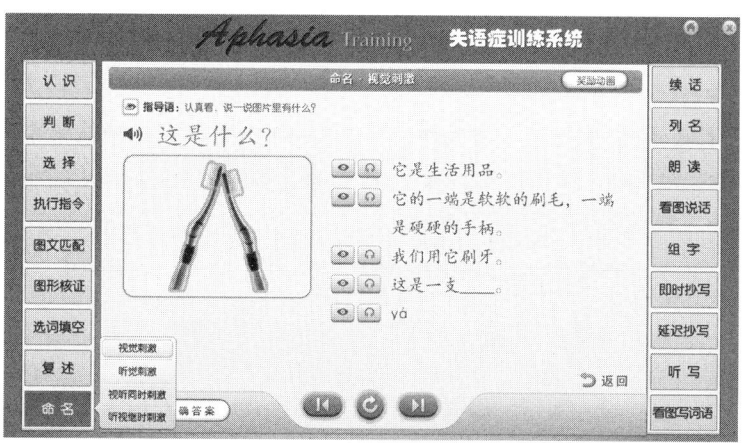

图 3-2-26　口语表达训练

（四）书面语表达训练

书面语表达训练包括组字、即时抄写、延迟抄写、听写和看图写词语等训练形式，训练方法遵循循序渐进的原则，有针对性地提高患者书面语表达能力，如图 3-2-27。

图 3-2-27　书面语表达训练

七、认知能力评估与康复训练仪软件

认知能力评估与康复训练仪软件（DrHRS-LMB1：B2）是一种利用数字信号处理技术和实时反馈技术对认知功能进行定量评估和实时训练的现代化认知能力测试与训练工具。可依据"认知功能评估标准"对认知的功能进行评估并制订合理的训练方案。认知能力评估与康复训练仪软件是针对认知能力低下人群而开发设计的，是目前应用较为广泛的认知康复工具之一，如图 3-2-28。

图 3-2-28　认知能力评估与康复训练仪软件

其主要适用对象包括语言发育迟缓、自闭症、听觉障碍、脑性瘫痪和智力发育迟缓等有认知能力障碍的患者。在认知能力评估与康复训练仪软件中，对认知功能障碍患者可开展的训练包括注意力、观察力、记忆力、数字认知、图形认知、序列认知、异类鉴别和同类匹配等方面，如图 3-2-29。

图 3-2-29　认知能力训练内容

（一）注意力训练

注意力训练遵循由易到难、循序渐进的原则，训练过程一共分为 1 至

5级，要求儿童找出目标事物，训练视觉和听觉有意注意的能力，同时对儿童做出的正确选择给予及时的强化，如图3-2-30。

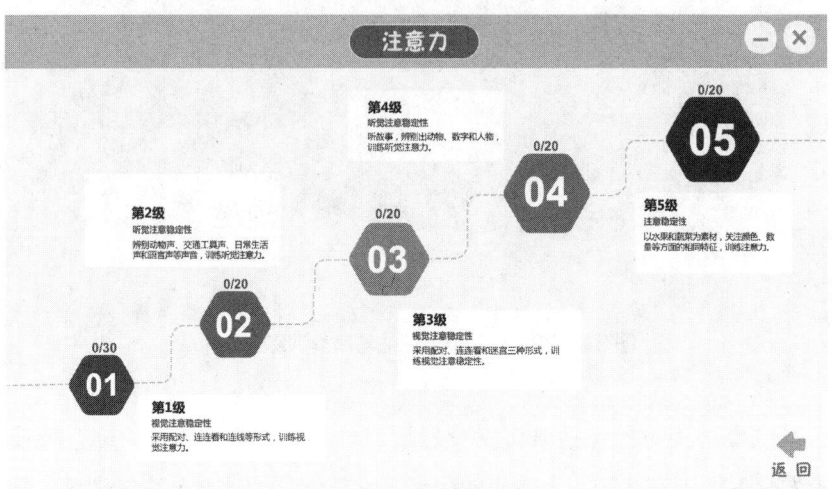

图3-2-30　注意力训练

（二）观察力训练

观察力训练采用特征观察法、视觉分割法和顺序观察法等方法进行，观察力训练过程一共分为1至5级，遵循由易到难、循序渐进的原则，如图3-2-31。

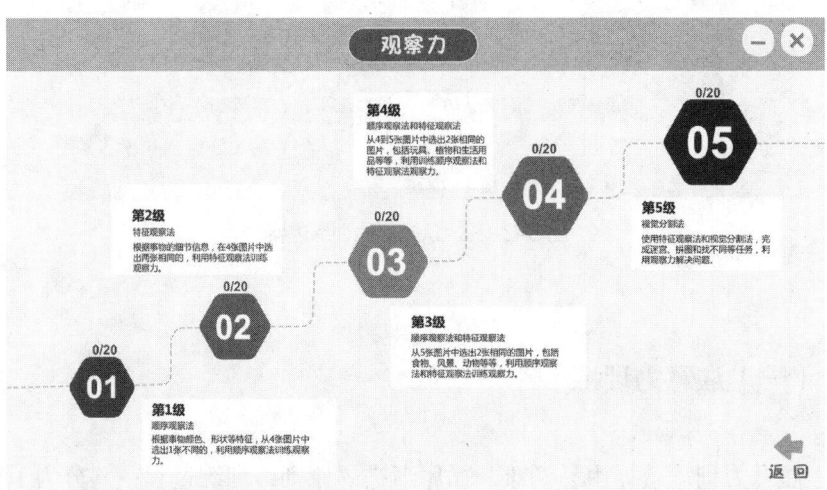

图3-2-31　观察力训练

(三)记忆力训练

记忆力训练部分主要训练儿童对视觉信息和听觉信息的短时记忆能力,包括记忆物体的摆放位置、摆放次序以及细节等。另外,当视觉信息的排列有一定规律时,要求儿童运用策略进行记忆。记忆力训练过程一共分为1至5级,遵循由易到难、循序渐进的原则,如图3-2-32。

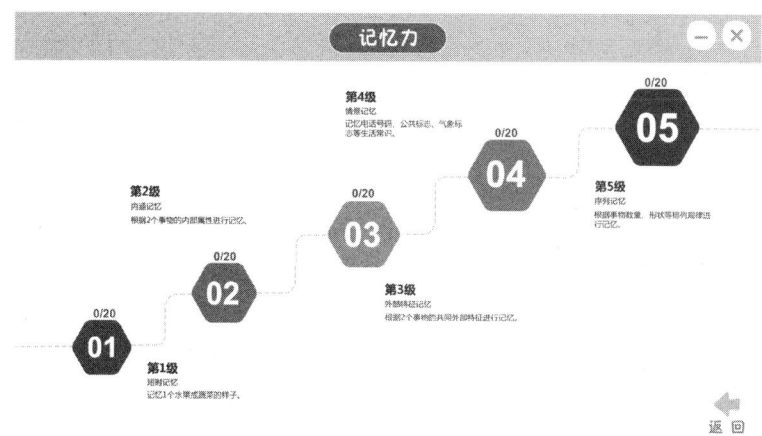

图 3-2-32　记忆力训练

(四)推理能力训练

推理能力训练包括数字认知、图形认知和序列认知,如图3-2-33。

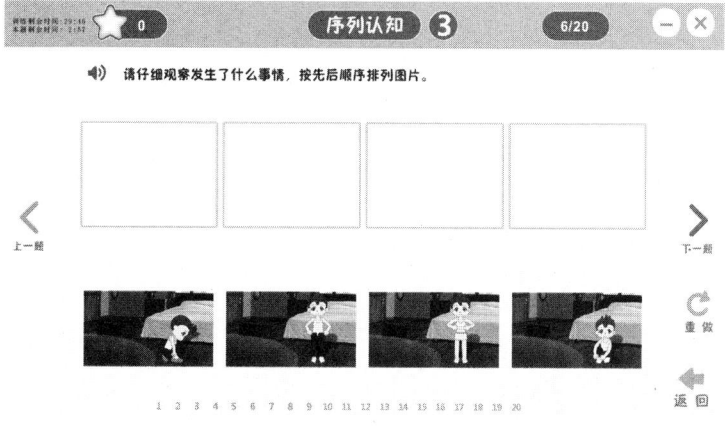

图 3-2-33　推理能力训练

(五)分类能力训练

分类能力训练包括同类匹配和异类鉴别。

当完成相应训练内容后,点击"统计",可查看训练得分情况,可以获得每一项的具体得分,还可以选择雷达图查看结果,如图 3-2-34。通过点击用户,点击"历史记录",亦可查看评估报告中历史评估记录及前后对比情况。

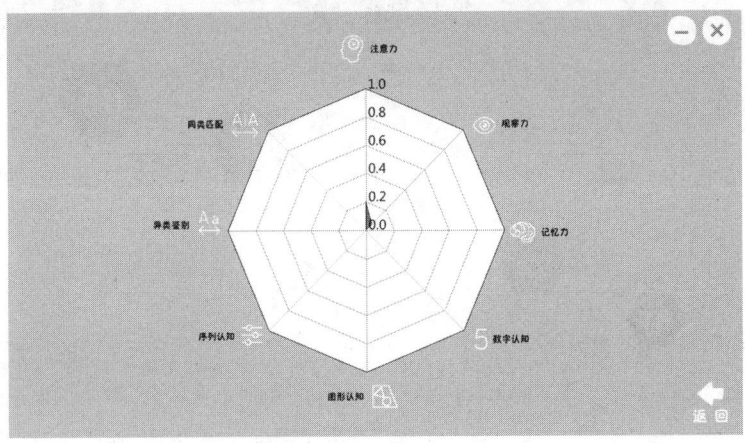

图 3-2-34　雷达图

第四章 ICF 言语语言障碍精准康复规范

精准康复强调个体化、精确化，从患者个体出发，通过各种检测手段和方法精准定位患者的损伤部位，进行精准评估、精确诊断，再通过有效的个性化康复治疗手段，精准康复患者各方面的功能障碍。ICF言语语言障碍精准康复同样应在精准评估的前提下，精准记录每次康复训练时的指标变化，及时地监控治疗方法的有效性，并及时进行治疗方法的调整。本章呈现了言语康复不同板块的精准康复记录表，以及不同障碍类型患者言语语言障碍的康复重点。

嗓音功能精准康复

一、不同障碍类型嗓音功能康复重点

嗓音障碍的康复重点集中在嗓音产生和嗓音音质两方面，主要针对呼吸、发声和共鸣系统的功能障碍。不同疾病伴随的嗓音障碍特征不同，以下列出几种常见言语语言障碍在嗓音功能康复方面的重点。

表 4-1-1　不同障碍类型嗓音功能康复重点

类型	训练特点	训练重点		
		呼吸训练	发声训练	共鸣训练
脑瘫	（1）训练形式：脑瘫儿童没有较好的认知能力，必须运用呼吸系统、喉、腭咽区的视听反馈进行训练 （2）训练内容：声音形成需要三个要素，可进行"时长、响度/音调、起音"的视听反馈训练，帮助脑瘫儿童认识和理解时长、响度/音调以及起音，从而为提高儿童呼吸、发声和共鸣功能提供辅助	呼吸支持不足（时长短、停顿异常），起音异常	音调变化异常、由于声带振动不规律造成的粗糙声	鼻音功能亢进
智障、发育迟缓	（1）训练形式：语言发育迟缓是智障、发育迟缓儿童的主要问题，口语表达方面必须运用呼吸系统、喉的视听反馈进行训练 （2）训练内容：可通过"时长、响度/音调、起音"的视听反馈训练提高语言发育迟缓儿童对呼吸、发声的控制能力，为儿童的口语表达奠定生理基础	呼吸支持不足（时长短、停顿异常），起音异常	音调异常、气息声	前位聚焦、喉位聚焦

续表

类型		训练特点	训练重点		
			呼吸训练	发声训练	共鸣训练
听障		（1）训练形式：听障儿童听觉能力欠佳，嗓音训练必须运用视听反馈技术 （2）训练内容：可进行"时长、响度/音调、起音"的视听反馈训练，通过视觉通道获取的信息来补充听障儿童听觉通道信息的不足	呼吸支持不足（时长短）、硬起音	高音调、响度异常	后位聚焦
腭裂		（1）训练形式：腭裂儿童的腭咽闭合能力有待加强，必须运用舌、唇、腭咽区、鼻气流等的视听反馈进行训练 （2）训练内容：可通过"时长、响度/音调、起音"的视听反馈训练，帮助腭裂儿童认识口鼻发音的不同，提高其呼吸、发声、共鸣功能	时长短	响度异常、嘶哑声	鼻音功能亢进
神经性言语障碍	弛缓型言语障碍	（1）训练形式：神经性言语障碍患者的主要问题是产生言语所需的呼吸、发声、共鸣、构音或韵律方面出现异常，必须运用呼吸系统、喉、腭咽区的视听反馈进行训练 （2）训练内容：可进行"时长、响度/音调、起音"的视听反馈训练，增强神经性言语障碍患者对呼吸系统、喉、腭咽区的控制，为后续的构音、韵律训练奠定基础	呼吸支持不足	响度过小、气息声	鼻音功能亢进
	痉挛型言语障碍			低音调、粗糙声、气息声	鼻音功能亢进
	运动失调型言语障碍			高音调、粗糙声、嗓音震颤	较少有鼻音问题
	运动过弱型言语障碍			响度过小、低音调、粗糙声、气息声	
失语症		（1）训练形式：失语症患者的主要问题是获得性语言障碍，其中伴有产生言语所需的呼吸、发声、共鸣、构音或韵律方面的异常，可运用呼吸系统、喉、腭咽区的视听反馈进行训练 （2）训练内容：可通过"时长、响度/音调、起音"的视听反馈训练提高失语症患者对言语产生的控制，为口语表达奠定生理基础	呼吸发声不协调	响度过低、语调单一	鼻音功能亢进

二、言语嗓音功能精准康复

基于 ICF 构建的言语嗓音功能评估指标，既可作为损伤程度的判定依据，又可用于精准康复效果监控，监控是否达到短期目标和长期目标。监控过程中须依据表 4-1-2 填写监控记录。

表 4-1-2 言语嗓音功能精准康复记录表

身体功能，即人体系统的生理功能损伤程度			无损伤 0	轻度损伤 1	中度损伤 2	重度损伤 3	完全损伤 4	未特指 8	不适用 9
b3100	嗓音产生 (Production of voice)	最长声时（MPT）	□	□	□	□	□	□	□
		最大数数能力（cMCA）	□	□	□	□	□	□	□
		言语基频（F_0）	□	□	□	□	□	□	□
		基频震颤（F_0t）	□	□	□	□	□	□	□
		频段能量集中率（Ec）	□	□	□	□	□	□	□
		声带接触率（CQ）	□	□	□	□	□	□	□
		接触率微扰（CQP）	□	□	□	□	□	□	□
b3101	嗓音音质 (Quality of voice)	基频微扰（Jitter）（粗糙声）	□	□	□	□	□	□	□
		声门噪声（NNE）（气息声）	□	□	□	□	□	□	□
		幅度微扰（Shimmer）（嘶哑声）	□	□	□	□	□	□	□
		共振峰频率（$F_2/i/$）（后位聚焦）	□	□	□	□	□	□	□
		共振峰频率（$F_2/u/$）（前位聚焦）	□	□	□	□	□	□	□
		共振峰频率扰动（F_2f）	□	□	□	□	□	□	□
		鼻流量（NL）	□	□	□	□	□	□	□
		鼻口腔共鸣比（NOR）	□	□	□	□	□	□	□

(1) 呼吸功能测量项目：最长声时（MPT）、最大数数能力（cMCA）。

测量工具：言语障碍测量设备（医疗器械分类目录 07 09 05）、言语障碍测量仪软件或者其他。

表 4-1-3　呼吸功能测量

日期	第1次测MPT	第2次测MPT	MPT（取较大值）	MPT状况（偏小/正常）	MPT最小要求	相对年龄	实际年龄	是否腹式呼吸	损伤程度	
									初始值	
									目标值	
									最终值	
日期	第1次测cMCA	第2次测cMCA	cMCA（取较大值）	cMCA状况（偏小/正常）	cMCA最小要求	相对年龄	实际年龄	是否腹式呼吸	损伤程度	
									初始值	
									目标值	
									最终值	

(2) 发声功能测量项目：言语基频 F_0。

测量工具：言语障碍测量设备（医疗器械分类目录 07 09 05）、言语障碍测量仪软件或者其他。

表 4-1-4　发声功能测量

日期	言语基频（F_0）	F_0 状况（偏小/正常/偏大）	F_0 标准差 F_0SD	F_0SD 状况（偏小/正常/偏大）	相对年龄	实际年龄	是否音调正常	损伤程度	
								初始值	
								目标值	

续表

日期	言语基频 (F_0)	F_0 状况（偏小/正常/偏大）	F_0 标准差 F_0SD	F_0SD 状况（偏小/正常/偏大）	相对年龄	实际年龄	是否音调正常	损伤程度	
								最终值	

（3）喉功能声学测量项目：基频微扰、幅度微扰、声门噪声、频段能量集中率、基频震颤。

测量工具：言语障碍测量设备（医疗器械分类目录 07 09 05）、言语障碍测量仪软件或者其他。

表 4-1-5 喉功能声学测量

	尽可能响地发 /æ/ 音，类似英文发音			听感评估	
日期	嗓音基频（Vocal F_0）	嗓音基频标准差（Vocal F_0SD）	频段能量集中率（Ec）	是否嗓音滥用	损伤程度
					初始值
					目标值
					最终值

					听感评估			
日期	基频微扰（Jitter）	幅度微扰（Shimmer）	声门噪声（NNE）	听感评估是否嗓音漏气	是否嗓音漏气	损伤程度		
						Jit	Shim	NNE
					初始值			
					目标值			

续表

尽可能响地发 /æ/ 音，类似英文发音				听感评估			
日期	基频微扰（Jitter）	幅度微扰（Shimmer）	声门噪声（NNE）	听感评估是否嗓音漏气	是否嗓音漏气	损伤程度		
^	^	^	^	^	^	Jit	Shim	NNE
					最终值			
					^			
					^			

日期	嘶哑声（G）	粗糙声（R）	气息声（B）	是否嗓音粗糙	损伤程度
				初始值	
				目标值	
				最终值	
				^	
				^	

日期	基频震颤	幅度震颤	是否喉腔共鸣失调	损伤程度
			初始值	
			目标值	
			最终值	
			^	
			^	

（4）喉功能电声门图测量项目：声带接触率（CQ）、声带接触率微扰（CQP）。

测量工具：电声门图仪（医疗器械分类目录 07 05 02）、EGG-4 或者其他。

表 4-1-6 喉功能电声门图测量

日期	尽可能响地发 /æ/ 音,类似英文发音			听感评估	
	声带接触率(CQ)	声带接触幂(CI)	声门闭合程度	是否挤压喉咙	损伤程度
					初始值
					目标值
					最终值
日期	声带接触率微扰(CQP)	声带接触幂微扰(CIP)	声带振动规律性	是否声带振动失调	损伤程度
					初始值
					目标值
					最终值

（5）口腔共鸣功能测量项目：/i/ 的第二共振峰（F_2）、/u/ 的第二共振峰（F_2）、共振峰频率震颤（F_2f）。

测量工具：言语障碍测量设备（医疗器械分类目录 07 09 05）、言语障碍测量仪软件或者其他。

表 4-1-7 口腔共鸣功能测量

日期	询问发 /i/ 时是否存在后位聚焦,如是进入测试	共振峰频率(F_2/i/)	共振峰幅度(A_2/i/)	听感评估	
				后位聚焦严重吗	损伤程度
					初始值
					目标值

续表

日期	询问发 /i/ 时是否存在后位聚焦，如是进入测试	共振峰频率 ($F_2/i/$)	共振峰幅度 ($A_2/i/$)	听感评估	
				后位聚焦严重吗	损伤程度
					最终值

日期	询问发 /u/ 时是否存在前位聚焦，如是进入测试	共振峰频率 ($F_2/u/$)	共振峰幅度 ($A_2/u/$)	前位聚焦严重吗	损伤程度
					初始值
					目标值
					最终值

日期	共振峰频率扰动 ($F_2f/i/$)	共振峰幅度扰动 ($A_2f/i/$)	刺耳严重吗	损伤程度
				初始值
				目标值
				最终值

（6）鼻腔共鸣功能测量项目：鼻流量（NL）、鼻口腔共鸣比（NOR）。

测量工具：言语障碍测量设备（医疗器械分类目录07 09 05）、鼻音障碍测量与训练仪软件或者其他。

表 4-1-8 鼻腔共鸣功能测量（1）

日期	发 /ɑ/ 时是否存在鼻腔共鸣，如是进入测试	鼻流量（NL）	鼻口共鸣比（NOR）	听感评估			
				亢进吗/严重吗	损伤程度		
						NL	NOR
					初始值		
					目标值		
					最终值		

注：如患者为功能亢进，语料选择"我和爸爸吃西瓜"。

表 4-1-9 鼻腔共鸣功能测量（2）

日期	发 /m/ 时是否存在鼻腔共鸣不足，如是进入测试	鼻流量（NL）	鼻口共鸣比（NOR）	听感评估			
				低下严重吗	损伤程度		
						NL	NOR
					初始值		
					目标值		
					最终值		

注：如患者为功能低下，语料选择"妈妈你忙吗？"。

第二节 构音语音功能精准康复

一、不同障碍类型构音语音功能精准康复重点

构音障碍的康复重点集中在声母构音、声母音位习得、构音清晰度和口部感觉—运动功能等方面。不同疾病伴随的构音障碍特征及发病原理不同,以下列出几种常见言语语言障碍在构音语音功能康复方面的重点,如表4-2-1。

表4-2-1 不同障碍类型构音语音功能精准康复重点

类型	训练特点	训练重点			
		口部运动	构音运动	构音语音	韵律训练
脑瘫、智障、发育迟缓	(1)构音训练:声音的形成是构音的基础,构音训练的同时必须提供言语(嗓音)支持训练 (2)视听反馈:听觉能力欠佳时必须提供视听反馈训练,特别针对手足徐动型伴有感音性高频听力损失的患者 (3)针对脑瘫儿童:需要进行抑制异常姿势反射训练(从头、颈、肩等的大运动过渡到口部器官的精细运动)	口腔感知觉训练、针对非构音运动异常的口部运动训练	韵母训练	声母训练(核心:音位习得、音位对比)	语调训练、语音自反馈训练
听障	(1)构音训练:声音的形成是构音的基础,构音训练的同时必须提供言语(嗓音)支持训练 (2)视听反馈:听觉能力欠佳时必须提供视听反馈训练 (3)听觉训练:必须提供听觉识别训练	口部运动训练	韵母训练(舌后位精细运动的分解)	声母训练(核心:音位习得、音位对比)	四声训练、语调训练、语音自反馈训练

续表

类型		训练特点	训练重点			
			口部运动	构音运动	构音语音	韵律训练
腭裂		（1）构音训练：对腭裂儿童进行代偿性构音训练。声音的形成是构音的基础，构音训练的同时必须提供言语（嗓音）支持训练 （2）视听反馈：提供听觉反馈和视听反馈的训练 （3）鼻亢训练：必须提供减少鼻功能亢进的训练	口部运动训练	韵母训练	声母训练（核心：音位习得、音位对比）	语调训练、语音自反馈训练
神经性言语障碍	弛缓型言语障碍 痉挛型言语障碍 运动失调型言语障碍 运动过弱型言语障碍	（1）构音训练：神经性言语障碍患者构音问题主要是由于构音器官肌肉的肌力和肌张力异常等而导致其运动异常，须注重口部运动训练和音位诱导的结合；神经性言语障碍患者通常存在语速、语调的韵律问题，可在构音训练的同时进行言语（嗓音）支持训练，为韵律训练做准备 （2）视听反馈：提供听觉反馈和视听反馈的训练 （3）鼻亢训练：大多数弛缓型和痉挛型言语障碍患者存在鼻音亢进问题，须提供减少鼻功能亢进的训练	口腔感知觉训练、针对非构音运动异常的口部运动训练	韵母训练	声母训练（核心：音位诱导、音位获得、音位对比）	语速训练、语调和重音训练
失语症		（1）构音训练：声音的形成是构音的基础，构音训练的同时必须提供言语（嗓音）支持训练 （2）视听反馈：听觉能力欠佳时必须提供视听反馈训练 （3）鼻亢训练：必须提供减少鼻功能亢进的训练	口腔感知觉训练、针对非构音运动异常的口部运动训练	韵母训练	声母训练（核心：音位习得、音位对比）	语调训练、语音自反馈训练

二、构音语音功能精准康复

基于ICF构建的言语构音功能评估指标，既可用于损伤程度的判定，又可用于精准康复效果监控，监控是否达到短期目标和长期目标。要求依据以下表格模板（表4-2-2）填写监控记录。

表4-2-2 构音语音功能精准康复记录表

身体功能，即人体系统的生理功能损伤程度			无损伤 0	轻度损伤 1	中度损伤 2	重度损伤 3	完全损伤 4	未特指 8	不适用 9
b320	构音功能（Articulation functions）	声母音位习得	□	□	□	□	□	□	□
		声母音位对比	□	□	□	□	□	□	□
		构音清晰度	□	□	□	□	□	□	□
		口部感觉	□	□	□	□	□	□	□
		下颌运动	□	□	□	□	□	□	□
		唇运动	□	□	□	□	□	□	□
		舌运动	□	□	□	□	□	□	□
b3300	言语流畅（Fluency of speech）	口腔轮替运动 音节时长	□	□	□	□	□	□	□
		口腔轮替运动 浊音时长	□	□	□	□	□	□	□
		口腔轮替运动 停顿时长	□	□	□	□	□	□	□
		连续语音能力 音节时长	□	□	□	□	□	□	□
		连续语音能力 停顿时长	□	□	□	□	□	□	□
b3301	言语节律（Rhythm of speech）	幅度标准差	□	□	□	□	□	□	□
		重音音节总时长	□	□	□	□	□	□	□
		重音出现率	□	□	□	□	□	□	□
b3302	语速（Speed of speech）	口腔轮替运动 浊音速率	□	□	□	□	□	□	□
		口腔轮替运动 言语速率	□	□	□	□	□	□	□

续表

身体功能,即人体系统的生理功能损伤程度			无损伤	轻度损伤	中度损伤	重度损伤	完全损伤	未特指	不适用
			0	1	2	3	4	8	9
b3302	语速 （Speed of speech）	连续语音能力							
		构音速率							
		言语速率							
b3303	语调 （Melody of speech）	言语基频标准差							
		言语基频动态范围							
		基频突变出现率							

（1）构音功能测量项目：声母音位习得。

测量工具：言语障碍测量设备（医疗器械分类目录 07 09 05）、构音障碍测量与康复训练仪软件或者其他。

表 4-2-3　声母音位习得测量

日期 音位	习得与否	错误走向	习得与否	错误走向	习得与否	错误走向	习得与否	错误走向
b								
m								
d								
h								
p								
t								
g								
k								
n								
f								
j								
q								
x								
l								
z								

续表

日期								
音位	习得与否	错误走向	习得与否	错误走向	习得与否	错误走向	习得与否	错误走向
s								
r								
c								
zh								
ch								
sh								
声母音位习得	损伤程度		损伤程度		损伤程度		损伤程度	
	初始值		初始值		初始值		初始值	
	目标值		目标值		目标值		目标值	
	最终值		最终值		最终值		最终值	

构音康复过程中音位习得精准康复

日期	阶段	音位	声韵组合	音位习得情况					
				前测	错误走向	正确率	后测	错误走向	正确率

（2）构音功能测量项目：声母音位对比和构音清晰度。

测量工具：言语障碍测量设备（医疗器械分类目录 07 09 05）、构音障碍测量与康复训练仪软件或者其他。

表 4-2-4　声母音位对比和构音清晰度测量

日期	声母音位对比	韵母音位对比	声调音位对比	构音清晰度	损伤程度	
					初始值	
					目标值	
					最终值	

（3）口部感觉功能测量项目：口部感觉。

测量工具：言语障碍测量设备（医疗器械分类目录 07 09 05）、构音障碍测量与康复训练仪软件或者其他。

表 4-2-5　口部感觉功能测量

日期	颊部触觉反应	鼻部触觉反应	唇部触觉反应	牙龈触觉反应	硬腭触觉反应	舌前部触觉反应	舌中部触觉反应	舌后部触觉反应－呕吐反射	口部感觉功能	损伤程度	
	/4	/4	/4	/4	/4	/4	/4	/4		初始值	
										目标值	
	/4	/4	/4	/4	/4	/4	/4	/4		最终值	
	/4	/4	/4	/4	/4	/4	/4	/4			
	/4	/4	/4	/4	/4	/4	/4	/4			

（4）下颌运动功能测量项目：下颌运动。

测量工具：言语障碍测量设备（医疗器械分类目录 07 09 05）、构音障碍测量与康复训练仪软件或者其他。

表 4-2-6　下颌运动功能测量

日期	自然状态	咬肌肌力	向下运动	向上运动	向左运动	向右运动	前伸运动	上下连续运动	左右连续运动	下颌运动功能	损伤程度	
	/4	/4	/4	/4	/4	/4	/4	/4	/4		初始值	
											目标值	
	/4	/4	/4	/4	/4	/4	/4	/4	/4		最终值	
	/4	/4	/4	/4	/4	/4	/4	/4	/4			
	/4	/4	/4	/4	/4	/4	/4	/4	/4			

（5）唇运动功能测量项目：唇运动。

测量工具：言语障碍测量设备（医疗器械分类目录 07 09 05）、构音障碍测量与康复训练仪软件或者其他。

表 4-2-7　唇运动功能测量

日期	自然状态	流涎	唇面部肌群肌力	展唇运动	圆唇运动	唇闭合运动	圆展交替运动	唇齿接触运动	唇运动功能	损伤程度	
	/4	/4	/4	/4	/4	/4	/4	/4		初始值	
										目标值	
	/4	/4	/4	/4	/4	/4	/4	/4		最终值	
	/4	/4	/4	/4	/4	/4	/4	/4			

（6）舌运动功能测量项目：舌运动。

测量工具：言语障碍测量设备（医疗器械分类目录 07 09 05）、构音障碍测量与康复训练仪软件或者其他。

表 4-2-8　舌运动功能测量

日期	自然状态	舌肌力检查	舌尖前伸	舌尖下舔颌	舌尖上舔唇	舌尖上舔齿龈	舌尖左舔嘴角	舌尖右舔嘴角	舌尖上舔硬腭
	/4	/4	/4	/4	/4	/4	/4	/4	/4
	/4	/4	/4	/4	/4	/4	/4	/4	/4
	/4	/4	/4	/4	/4	/4	/4	/4	/4
	/4	/4	/4	/4	/4	/4	/4	/4	/4

舌尖左右交替	舌尖前后交替	舌尖上下交替	马蹄形上抬模式	舌两侧缘上抬模式	舌前部上抬模式	舌后部上抬模式	舌运动功能	损伤程度	
/4	/4	/4	/4	/4	/4	/4		初始值	
								目标值	
/4	/4	/4	/4	/4	/4	/4		最终值	
/4	/4	/4	/4	/4	/4	/4			

(7)言语流利功能测量项目：口腔轮替运动功能（浊音时长）。

测量工具：言语障碍测量设备（医疗器械分类目录 07 09 05）、言语障碍测量仪软件或者其他。

表 4-2-9　浊音时长测量

日期	测试音节	浊音时长	损伤程度	
			初始值	
			目标值	
			最终值	

(8)言语流利功能测量项目：口腔轮替运动功能（音节时长）。

测量工具：言语障碍测量设备（医疗器械分类目录 07 09 05）、言语障碍测量仪软件或者其他。

表 4-2-10　音节时长测量

日期	测试音节	音节数	总时长	音节时长	损伤程度	
					初始值	
					目标值	
					最终值	

(9)言语流利功能测量项目：口腔轮替运动功能（停顿时长）。

测量工具：言语障碍测量设备（医疗器械分类目录 07 09 05）、言语障碍测量仪软件或者其他。

表 4-2-11　停顿时长测量

日期	测试音节	停顿次数	总停顿时长	停顿时长	损伤程度	
					初始值	
					目标值	
					最终值	

（10）言语流利功能测量项目：连续语音能力（音节时长）。

测量工具：言语障碍测量设备（医疗器械分类目录 07 09 05）、言语障碍测量仪软件或者其他。

表 4-2-12　音节时长测量

日期	音节数	总时长	音节时长	损伤程度	
				初始值	
				目标值	
				最终值	

（11）言语流利功能测量项目：连续语音能力（停顿时长）。

测量工具：言语障碍测量设备（医疗器械分类目录 07 09 05）、言语障碍测量仪软件或者其他。

表 4-2-13　停顿时长测量

日期	停顿次数	总停顿时长	停顿时长	损伤程度	
				初始值	
				目标值	
				最终值	

（12）言语节律功能测量项目：幅度标准差。

测量工具：言语障碍测量设备（医疗器械分类目录 07 09 05）、言语障碍测量仪软件或者其他。

表 4-2-14　幅度标准差测量

日期	幅度	幅度标准差	幅度动态范围	损伤程度	
				初始值	
				目标值	
				最终值	

（13）言语节律功能测量项目：重音音节总时长和重音出现频率。

测量工具：言语障碍测量设备（医疗器械分类目录 07 09 05）、言语障碍测量仪软件或者其他。

表 4-2-15　重音音节总时长和重音出现频率测量

日期	重音音节总时长	损伤程度		重音音节数	总音节数	重音出现频率	损伤程度	
		初始值					初始值	
		目标值					目标值	
		最终值					最终值	

（14）语速功能测量项目：口腔轮替运动功能（浊音速率）。

测量工具：言语障碍测量设备（医疗器械分类目录 07 09 05）、言语障碍测量仪软件或者其他。

表 4-2-16　浊音速率测量

日期	测试音节	音节数	浊音时长	浊音速率	损伤程度	
					初始值	
					目标值	
					最终值	

（15）语速功能测量项目：口腔轮替运动功能（言语速率）。

测量工具：言语障碍测量设备（医疗器械分类目录 07 09 05）、言语障碍测量仪软件或者其他。

表 4-2-17　言语速率测量

日期	测试音节	音节数	总时长	言语速率	损伤程度	
					初始值	
					目标值	
					最终值	

(16)语速功能测量项目:连续语音能力(构音速率)。

测量工具:言语障碍测量设备(医疗器械分类目录 07 09 05)、言语障碍测量仪软件或者其他。

表 4-2-18 构音速率测量

日期	音节数	构音时长	构音速率	损伤程度	
				初始值	
				目标值	
				最终值	

(17)语速功能测量项目:连续语音能力(言语速率)。

测量工具:言语障碍测量设备(医疗器械分类目录 07 09 05)、言语障碍测量仪软件或者其他。

表 4-2-19 言语速率测量

日期	音节数	总时长	言语速率	损伤程度	
				初始值	
				目标值	
				最终值	

(18)语调功能测量项目:言语基频标准差。

测量工具:言语障碍测量设备(医疗器械分类目录 07 09 05)、言语障碍测量仪软件或者其他。

表 4-2-20 言语基频标准差测量

日期	基频	基频标准差	基频动态范围	损伤程度	
				初始值	
				目标值	
				最终值	

（19）语调功能测量项目：言语基频动态范围。

测量工具：言语障碍测量设备（医疗器械分类目录 07 09 05）、言语障碍测量仪软件或者其他。

表 4-2-21　言语基频动态范围测量

日期	基频	基频标准差	基频动态范围	损伤程度	
				初始值	
				目标值	
				最终值	

（20）语调功能测量项目：基频突变出现率。

测量工具：言语障碍测量设备（医疗器械分类目录 07 09 05）、言语障碍测量仪软件或者其他。

表 4-2-22　基频突变出现率测量

日期	基频突变音节数	总音节数	基频突变出现率	损伤程度	
				初始值	
				目标值	
				最终值	

第三节 语言功能精准康复

一、儿童语言功能精准康复

儿童语言功能精准康复重点为口语的理解和表达能力。口语理解侧重词语理解、词组理解和句子理解。口语表达侧重言语语言综合能力,包括词语命名、双音节词时长、双音节词基频、词组仿说、句式仿说和看图叙事。儿童语言功能精准康复记录表,如表4-3-1。

表4-3-1 儿童语言功能精准康复记录表

身体功能,即人体系统的生理功能损伤程度			无损伤 0	轻度损伤 1	中度损伤 2	重度损伤 3	完全损伤 4	未特指 8	不适用 9
b16700	口语理解（儿童）	词语理解	□	□	□	□	□	□	□
		词组理解	□	□	□	□	□	□	□
		句子理解	□	□	□	□	□	□	□
b16710	口语表达（儿童）	词语命名	□	□	□	□	□	□	□
		双音节词时长（2cvT）	□	□	□	□	□	□	□
		双音节词基频（2cvF_0）	□	□	□	□	□	□	□
		词组仿说	□	□	□	□	□	□	□
		句式仿说	□	□	□	□	□	□	□
		看图叙事	□	□	□	□	□	□	□

（1）口语理解功能测量项目:词语理解。

测量工具:言语障碍康复设备（医疗器械分类目录 19 01 04）、早期语言障碍评估与干预仪软件。

表 4-3-2　词语理解测量

日期	名词	动词	形容词	总分	损伤程度	
	/19	/11	/5	/35	初始值	
					目标值	
	/19	/11	/5	/35	最终值	
	/19	/11	/5	/35		
	/19	/11	/5	/35		

（2）口语理解功能测量项目：词组理解。

测量工具：言语障碍康复设备（医疗器械分类目录 19 01 04）、早期语言障碍评估与干预仪软件。

表 4-3-3　词组理解测量

日期	并列	动宾	主谓	偏正	介宾	总分	损伤程度	
	/8	/8	/8	/8	/8	/40	初始值	
							目标值	
	/8	/8	/8	/8	/8	/40	最终值	
	/8	/8	/8	/8	/8	/40		
	/8	/8	/8	/8	/8	/40		

（3）口语理解功能测量项目：句子理解。

测量工具：言语障碍康复设备（医疗器械分类目录 19 01 04）、早期语言障碍评估与干预仪软件。

表 4-3-4　句子理解测量

日期	无修饰句	简单修饰句	特殊句	总分	损伤程度	
	/4	/13	/6	/23	初始值	
					目标值	
	/4	/13	/6	/23	最终值	
	/4	/13	/6	/23		
	/4	/13	/6	/23		

（4）口语表达功能测量项目：词语命名。

测量工具：言语障碍康复设备（医疗器械分类目录 19 01 04）、早期语言障碍评估与干预仪软件。

表 4-3-5 词语命名测量

日期	名词	动词	形容词	量词	总分	损伤程度	
	/32	/16	/16	/1	/65	初始值	
						目标值	
	/32	/16	/16	/1	/65	最终值	
	/32	/16	/16	/1	/65		
	/32	/16	/16	/1	/65		

（5）口语表达功能测量项目：双音节词时长、双音节词基频。

测量工具：言语障碍测量设备（医疗器械分类目录 07 09 04）、言语语言综合训练仪软件。

表 4-3-6 双音节词时长、双音节词基频测量

日期	双音节词时长 （2cvT）	双音节词时长 （2cvF$_0$）	损伤程度		
				2cvT	2cvF$_0$
			初始值		
			目标值		
			最终值		

（6）口语理解功能测量项目：词组仿说。

测量工具：言语障碍康复设备（医疗器械分类目录 19 01 04）、言语语言综合训练仪软件。

表 4-3-7 词组仿说测量

日期	并列	动宾	主谓	偏正	介宾	总分	损伤程度	
							初始值	
							目标值	
							最终值	

（7）口语表达功能测量项目：句式仿说。

测量工具：言语障碍康复设备（医疗器械分类目录 19 01 04）、言语语言综合训练仪软件。

表 4-3-8　句式仿说测量

日期	无修饰句	简单修饰句	特殊句	复句	总分	损伤程度	
	/8	/26	/14	/12	/60	初始值	
						目标值	
	/8	/26	/14	/12	/60	最终值	
	/8	/26	/14	/12	/60		

（8）口语表达功能测量项目：看图叙事。

测量工具：言语障碍康复设备（医疗器械分类目录 19 01 04）、早期语言障碍评估与干预仪软件。

表 4-3-9　看图叙事测量

日期	看图叙事总分	损伤程度	
	/60	初始值	
		目标值	
	/60	最终值	
	/60		
	/60		

二、成人语言功能精准康复

成人语言功能精准康复重点除口语的理解和表达能力以外，还有书面语的理解和表达、右脑功能、姿势语的表达等。口语的理解包括听回答、听选择、执行口头指令等；书面语的理解包括食物与图片匹配、文字与图片匹配、选词填空等；右脑功能主要包括情绪辨别、图形匹配、隐喻句理解等；口语表达包括词语命名、简单复述、词语复述、双音节词时长、双音节词基频、句子复述、句子时长、句子基频、系列语言、口语描述、朗读等；书面语表达包括写名字、写数字、听写词语、看图写词语、完形填空等；姿势语表达主要考察通过手势或其他肢体动作产生有意义的肢体语言信息的能力。成人语言功能精准康复记录表，如表 4-3-10。

表 4-3-10　成人语言功能精准康复记录表

身体功能，即人体系统的生理功能损伤程度			无损伤	轻度损伤	中度损伤	重度损伤	完全损伤	未特指	不适用
			0	1	2	3	4	8	9
b16700	口语理解	听觉理解	□	□	□	□	□	□	□
b16701	书面语理解	视觉理解	□	□	□	□	□	□	□
b16708	其他特指的语言理解	右脑功能	□	□	□	□	□	□	□
b16710	口语表达	词语命名	□	□	□	□	□	□	□
		简单复述	□	□	□	□	□	□	□
		词语复述	□	□	□	□	□	□	□
		双音节词时长（2cvT）	□	□	□	□	□	□	□
		双音节词基频（2cvF$_0$）	□	□	□	□	□	□	□
		句子复述	□	□	□	□	□	□	□
		句子时长	□	□	□	□	□	□	□
		句子基频	□	□	□	□	□	□	□
		系列言语	□	□	□	□	□	□	□
		口语描述	□	□	□	□	□	□	□
		朗读	□	□	□	□	□	□	□
b16711	书面语表达	书写	□	□	□	□	□	□	□
b16713	姿势语表达	肢体语言							

（1）口语理解功能测量项目：听觉理解。

测量工具：言语障碍康复设备（医疗器械分类目录 19 01 04）、语言认知评估训练与沟通仪软件——失语症评估系统。

表 4-3-11　听觉理解测量

日期	听觉理解	损伤程度	
		初始值	
		目标值	
		最终值	

（2）书面语理解功能测量项目：视觉理解。

测量工具：言语障碍康复设备（医疗器械分类目录 19 01 04）、语言认知评估训练与沟通仪软件——失语症评估系统。

表 4-3-12　视觉理解测量

日期	视觉理解	损伤程度	
		初始值	
		目标值	
		最终值	

（3）口语表达功能测量项目：词语命名。

测量工具：言语障碍康复设备（医疗器械分类目录 19 01 04）、语言认知评估训练与沟通仪软件——失语症评估系统。

表 4-3-13　词语命名测量

日期	词语命名	损伤程度	
		初始值	
		目标值	
		最终值	

(4)口语表达功能测量项目:简单复述。

测量工具:言语障碍康复设备(医疗器械分类目录 19 01 04)、语言认知评估训练与沟通仪软件——失语症评估系统。

表 4-3-14　简单复述测量

日期	简单复述	损伤程度	
		初始值	
		目标值	
		最终值	

(5)口语表达功能测量项目:词语复述。

测量工具:言语障碍康复设备(医疗器械分类目录 19 01 04)、语言认知评估训练与沟通仪软件——失语症评估系统。

表 4-3-15　词语复述测量

日期	词语复述	损伤程度	
		初始值	
		目标值	
		最终值	

(6)口语表达功能测量项目:双音节词时长。

测量工具:言语障碍康复设备(医疗器械分类目录 19 01 04)、言语语言综合训练仪软件。

表 4-3-16　双音节词时长测量

日期	双音节词语时长	损伤程度	
		初始值	
		目标值	
		最终值	

（7）口语表达功能测量项目：双音节词基频。

测量工具：言语障碍康复设备（医疗器械分类目录19 01 04）、言语语言综合训练仪软件。

表4-3-17　双音节词基频测量

日期	双音节词语基频	损伤程度	
		初始值	
		目标值	
		最终值	

（8）口语表达功能测量项目：句子复述。

测量工具：言语障碍康复设备（医疗器械分类目录19 01 04）、语言认知评估训练与沟通仪软件——失语症评估系统。

表4-3-18　句子复述测量

日期	句子复述	损伤程度	
		初始值	
		目标值	
		最终值	

（9）口语表达功能测量项目：句子时长。

测量工具：言语障碍康复设备（医疗器械分类目录19 01 04）、言语语言综合训练仪软件。

表4-3-19　句子时长测量

日期	句子时长	损伤程度	
		初始值	
		目标值	
		最终值	

（10）口语表达功能测量项目：句子基频。

测量工具：言语障碍康复设备（医疗器械分类目录 19 01 04）、言语语言综合训练仪软件。

表 4-3-20　句子基频测量

日期	句子基频	损伤程度	
		初始值	
		目标值	
		最终值	

（11）口语表达功能测量项目：系列言语。

测量工具：言语障碍康复设备（医疗器械分类目录 19 01 04）、语言认知评估训练与沟通仪软件——失语症评估系统。

表 4-3-21　系列言语测量

日期	系列言语	损伤程度	
		初始值	
		目标值	
		最终值	

（12）口语表达功能测量项目：口语描述。

测量工具：言语障碍康复设备（医疗器械分类目录 19 01 04）、语言认知评估训练与沟通仪软件——失语症评估系统。

表 4-3-22　口语描述测量

日期	口语描述	损伤程度	
		初始值	
		目标值	
		最终值	

（13）口语表达功能测量项目：朗读。

测量工具：言语障碍康复设备（医疗器械分类目录19 01 04）、语言认知评估训练与沟通仪软件——失语症评估系统。

表4-3-23　朗读测量

日期	朗读	损伤程度	
		初始值	
		目标值	
		最终值	

（14）书面语表达功能测量项目：书写。

测量工具：言语障碍康复设备（医疗器械分类目录19 01 04）、语言认知评估训练与沟通仪——失语症评估系统。

表4-3-24　书写测量

日期	书写	损伤程度	
		初始值	
		目标值	
		最终值	

（15）姿势语表达功能测量项目：肢体语言。

测量工具：言语障碍康复设备（医疗器械分类目录19 01 04）、语言认知评估训练与沟通仪——失语症评估系统。

表4-3-25　肢体语言测量

日期	肢体语言	损伤程度	
		初始值	
		目标值	
		最终值	

第四节 认知功能精准康复

儿童认知功能精准康复重点为简单视觉辨别、基础认知、注意力、记忆力和观察力的训练。简单视觉辨别训练内容包括颜色、图形、数字、时间、空间和物体的量等。通过简单的图形推理测试来反映基础认知功能,空间次序测试来反映保持注意力的能力,动作序列测试来反映短时记忆力,逻辑类比测试反映长时记忆能力,目标辨认测试反映视觉空间觉的观察力。儿童认知功能精准康复记录表,如表4-4-1。

表4-4-1 认知功能精准康复记录表

身体功能,即人体系统的生理功能损伤程度			无损伤 0	轻度损伤 1	中度损伤 2	重度损伤 3	完全损伤 4	未特指 8	不适用 9
b1561	视觉	颜色	□	□	□	□	□	□	□
		图形	□	□	□	□	□	□	□
		数字	□	□	□	□	□	□	□
		时间	□	□	□	□	□	□	□
		空间	□	□	□	□	□	□	□
		物体的量	□	□	□	□	□	□	□
b163	基础认知	图形推理	□	□	□	□	□	□	□
b1400	保持注意力	空间次序	□	□	□	□	□	□	□
b1440	短时记忆力	动作序列	□	□	□	□	□	□	□
b1441	长时记忆	逻辑类比	□	□	□	□	□	□	□
b1565	视觉空间觉	目标辨认	□	□	□	□	□	□	□

(1) 视觉功能测量项目：颜色。

测量工具：认知障碍康复设备（医疗器械分类目录19 01 01）、认知能力评估与康复训练仪软件或其他。

表4-4-2 视觉功能测量（颜色）

日期	颜色（指认）	颜色（命名）	损伤程度	
	/10	/10	初始值	
			目标值	
	/10	/10	最终值	
	/10	/10		
	/10	/10		

注：根据患儿情况，选择"指认"与"命名"其中一项完成测试。

(2) 视觉功能测量项目：图形。

测量工具：认知障碍康复设备（医疗器械分类目录19 01 01）、认知能力评估与康复训练仪软件或其他。

表4-4-3 视觉功能测量（图形）

日期	图形（指认）	图形（命名）	损伤程度	
	/16	/16	初始值	
			目标值	
	/16	/16	最终值	
	/16	/16		
	/16	/16		

注：根据患儿情况，选择"指认"与"命名"其中一项完成测试。

(3) 视觉功能测量项目：数字。

测量工具：认知障碍康复设备（医疗器械分类目录19 01 01）、认知能力评估与康复训练仪软件或其他。

表 4-4-4　视觉功能测量（数字）

日期	数字（指认和命名）					损伤程度	
	基数（命名）	序数（指认）	表象计算（指认）	加减运算（命名）	总分		
	/7	/3	/4	/20	/34	初始值	
						目标值	
	/7	/3	/4	/20	/34	最终值	
	/7	/3	/4	/20	/34		
	/7	/3	/4	/20	/34		

（4）视觉功能测量项目：时间。

测量工具：认知障碍康复设备（医疗器械分类目录 19 01 01）、认知能力评估与康复训练仪软件或其他。

表 4-4-5　视觉功能测量（时间）

日期	时间（命名）			损伤程度	
	年龄	时序、钟表	总分		
	/3	/6	/9	初始值	
				目标值	
	/3	/6	/9	最终值	
	/3	/6	/9		
	/3	/6	/9		

（5）视觉功能测量项目：空间。

测量工具：认知障碍康复设备（医疗器械分类目录 19 01 01）、认知能力评估与康复训练仪软件或其他。

表 4-4-6　视觉功能测量（空间）

日期	空间（命名）	损伤程度	
	/10	初始值	
		目标值	
	/10	最终值	
	/10		
	/10		

（6）视觉功能测量项目：物体的量。

测量工具：认知障碍康复设备（医疗器械分类目录 19 01 01）、认知能力评估与康复训练仪软件或其他。

表 4-4-7　视觉功能测量（物体的量）

日期	物体的量（指认和命名）	损伤程度	
	/10	初始值	
		目标值	
	/10	最终值	
	/10		
	/10		

（7）认知功能测量项目：基本认知、保持注意力、短时记忆力、长时记忆、视觉空间觉。

测量工具：认知障碍康复设备（医疗器械分类目录 19 01 01）、认知能力评估与康复仪软件或其他。

表 4-4-8　基本认知、保持注意力、短时记忆力、长时记忆、视觉空间觉功能测量

日期	图形推理	空间次序	动作序列	逻辑类比	目标辨认	损伤程度				
						初始值				
						目标值				
						最终值				

第五节 保障康复训练实施的建议

一、康复师资配备

医院、康复机构和特殊教育学校应配备经过专业训练的言语康复治疗师或康复教师（初级以上），来承担言语康复训练任务；也可以聘请相关专业人士，指导康复治疗师或康复教师开展康复工作。为保证对康复对象言语功能的评估和训练科学、有效，每个医院、康复机构和特殊教育学校应至少配有1—2名具有评估资质的康复治疗师或康复教师（中级以上）。

二、康复资源利用和开发

医院、康复机构和特殊教育学校应充分发挥各类教育康复设施和实践基地的作用，广泛利用各种互联网资源，如康复云平台。医院、康复机构、特殊教育学校以及家属可借助线上的筛查问卷对康复对象的障碍类型和障碍程度进行初步的了解；医院、康复机构和特殊教育学校可利用言语康复的相关线上软件进行个别化康复和小组康复，同时借助线上康复课件、游戏等资源来丰富言语康复的内容和形式，辅助训练；家属也可通过线上的言语康复软件、课件、游戏等开展家庭康复，保证家庭康复实施的有效性。另外，还要积极开发并使用言语康复资源，丰富教育康复内容，以促进康复对象对康复内容的理解和自身的发展。

三、管理机制

医院、康复机构和特殊教育学校要对每位康复对象做好资料保存、档案归档的工作，包括康复对象的基本信息、初评结果、言语康复训练记录和过程性评估、阶段性评估等。应规范康复档案的创建和使用，也可和电子档案相结合，方便查找和提取。医院、康复机构和特殊教育学校还应制订言语康复计划，明确言语康复工作目标，保证医院、康复机构和特殊教育学校康复工作有计划、有步骤地开展。

第五章

临床应用案例

PART 1 第一节

言语功能 ICF 核心分类组合在神经性言语障碍中的应用

本节主要介绍 ICF 在神经性言语障碍中的应用。本案例中的患者因高血压引发急性脑出血，已接受手术治疗，术后患者主要表现为肢体功能障碍和神经性言语障碍，肢体功能障碍在一段时间的物理治疗和作业治疗后已得到较大改善，目前主要针对其神经性言语障碍进行康复治疗。本案例阐述了如何在临床实践中针对患者的言语障碍类型选择恰当的 ICF 核心分类组合，并对如何进行功能评估、治疗计划制订和疗效评价做了简单的介绍。

数字资源

ICF 核心分类组合在神经性言语障碍中的应用

（一）案例描述

患者信息：谭某某，男，48 岁，言语不利伴四肢活动不利 6 月余。患者于 6 个月前突发肢体无力伴言语不能，急送至医院就诊，检查显示"脑干出血"，遂立即行血肿清除术。患者既往有高血压病史多年。

康复治疗情况：术后早期康复科介入对其开展康复治疗。前期主要针对其肢体功能障碍进行物理治疗、传统中医治疗和作业治疗，经过一段时间康复治疗后肢体功能已得到较大改善。3 个月前开始重点针对其神经性言语障碍开展言语治疗，结合病灶部位及其医生的主观评估，判定其存在痉挛型言语障碍。经过对其言语功能进行进一步的医技检查，发现其存在呼吸支持不足、音调过低、气息声、粗糙声和鼻音亢进等嗓音问题，其口部运动功能和构音能力亦存在不同程度的损伤。根据评估结果制订了该患者的言语治疗计划，从评估次日开始进行言语康复训练。

（二）应用范围和机构

脑出血、脑梗死等脑卒中患者在急性期后不能只依靠药物治疗，还须针对患者由于脑卒中所导致的肢体功能障碍和言语功能障碍等后遗症开展康复治疗。脑卒中患者的言语功能障碍一般由医院康复科的一到两名言语治疗师根据医生处方对患者进行治疗。除了治疗以外，治疗师还应对患者的言语功能进行精准评估，并将评估结果记入医疗档案，用于制订训练和出院计划。

（三）使用 ICF 核心分类组合的目的

使用 ICF 可以全面描述并评估患者的言语功能水平，基于评估结果制订言语治疗计划，为言语治疗的实施和监控提供依据，并为出院后的家庭/社区康复计划做准备。

（四）选择恰当的 ICF 核心分类组合

ICF 核心分类组合的选取分为两个步骤：一是选取健康状况或状况群相关的 ICF 核心分类组合，二是选择相应类型的 ICF 核心分类组合以及对应的评估指标。为了描述本案例中患者的言语功能水平，选择了 ICF 核心分类组合中身体功能的第三章言语语言产生功能。言语语言产生功能的 ICF 核心分类组合可用于评估听力障碍、智力障碍、嗓音障碍、失语症、神经性言语障碍等类型患者的言语功能状态。言语语言产生功能的 ICF 核心分类组合能够帮助医生、护士、治疗师和其他康复专业人员全面理解言语语言功能的基本含义，有助于确定康复需求、制订出院计划并转诊至其他康复机构继续接受治疗。

在本案例中，谭某某主要由于急性脑干出血导致锥体系和锥体外系双侧通路受损，影响到言语产生过程中呼吸、发声、共鸣、构音和韵律各子系统的动作执行，从而引发痉挛型言语障碍，因此选择了言语语言产生功能的 ICF 核心分类组合。该 ICF 核心分类组合群组可评估以下言语功能状态：① 嗓音产生；② 嗓音音质；③ 构音功能；④ 言语流利性；⑤ 言语节律；⑥ 语速；⑦ 语调。

（五）以"基于ICF的言语语言功能评估表"的形式描述功能

为了描述谭某某的言语功能水平，从言语语言产生功能的ICF核心分类组合的7个类目中选取合适的类目（b3100嗓音产生、b3101嗓音音质和b320构音功能）并填入患者的功能评估表格中。相关信息来源于病史、医疗报告、医技检查结果以及与患者家属的访谈，其中以医技检查为主。最后的结果由有临床经验的治疗师使用ICF量表进行评估，评估过程中的每个步骤都被记录在案，如表5-1-1，并形成最终的功能概况表，如表5-1-2。

针对本案例中谭某某存在的呼吸支持不足、音调过低、气息声、粗糙声和鼻音亢进等嗓音问题以及口部运动功能和构音能力损伤，选择"b3100嗓音产生"中的最长声时和言语基频，"b3101嗓音音质"的基频微扰（粗糙声）、声门噪声（气息声）、共振峰频率（后位聚焦）和鼻流量，以及"b320构音功能"的口部感觉、下颌运动、唇运动、舌运动、声母音位习得和构音清晰度进行功能评估。对以上12个项目的评估结果及损伤程度描述如表5-1-1，上述各项功能均有对应的正常值参考范围，将评估结果与正常参考值相对照并转化为限定值就可以判断患者各项功能的损伤程度，并对其进行问题描述。

表5-1-1 基于ICF的言语语言功能评估表

患者信息
姓　　名：谭某某　　出生日期：1970年5月6日　　性别：☑男 □女
检查者：张某某　　评估日期：2018年6月11日　　编号：001
类型：□智障　　□听障　　□脑瘫　　□自闭症　　□发育迟缓
□失语症　　　　　　　☑神经性言语障碍（构音障碍）
□言语失用症　　　　　□其他
主要交流方式：☑口语 □图片 ☑肢体动作 □基本无交流
听力状况：□正常 □异常　听力设备：□人工耳蜗 □助听器 补偿效果＿＿
进食状况：以流食和易于咀嚼的食物为主。
言语、语言、认知状况：言语方面，说话费力、语句短、语速慢，声音较为紧张，构音准确性较低；语言和认知方面，能较好理解他人语言，能较好完成工作任务，能力基本正常。
口部触觉感知状况：口内及唇周触觉感知较差。

续表

身体功能，即人体系统的生理功能损伤程度			无损伤	轻度损伤	中度损伤	重度损伤	完全损伤	未特指	不适用
			0	1	2	3	4	8	9
b3100	嗓音产生（Production of voice）	最长声时（MPT）	☐	☐	☑	☐	☐	☐	☐
		言语基频（F_0）	☐	☑	☐	☐	☐	☐	☐
	通过喉及其周围肌肉与呼吸系统配合产生声音的功能，包括发声功能，音调、响度功能。 功能受损时表现为失声、震颤、发声困难等。								
	信息来源：☑ 病史　☐ 问卷调查　☑ 临床检查　☐ 医技检查								
	问题描述： 　1. 持续稳定的发声时间为 12.5 秒↓。 　呼吸支持能力、呼吸与发声协调能力存在中度损伤。 　2. 声带振动为 94 次/秒↓。 　音调及音调控制能力存在轻度损伤。								
			0	1	2	3	4	8	9
b3101	嗓音音质（Quality of voice）	基频微扰（Jitter）（粗糙声）	☐	☐	☑	☐	☐	☐	☐
		声门噪声（NNE）（气息声）	☐	☑	☐	☐	☐	☐	☐
		共振峰频率（F_2/i/）（后位聚焦）	☐	☑	☐	☐	☐	☐	☐
		鼻流量（NL）	☐	☐	☑	☐	☐	☐	☐
	产生嗓音特征的功能，包括谐波特征、共鸣和其他特征。 功能受损时表现为鼻音功能亢进或鼻音功能低下，发声困难，声带紧张，嘶哑声或粗糙声、气息声等。								
	信息来源：☑ 病史　☐ 问卷调查　☑ 临床检查　☐ 医技检查								
	问题描述： 　1. 基频微扰为 0.69%↑。 　嗓音音质存在中度损伤，存在中度的粗糙声。 　2. 声门噪声为 -8.7 dB↑。 　嗓音音质存在轻度损伤，存在轻度的气息声。 　3. /i/ 的第二共振峰为 2 053 Hz↓。 　舌向前运动能力存在轻度损伤，口腔共鸣功能存在轻度后位聚焦。 　4. 鼻流量为 62.55%↑。 　鼻腔共鸣功能存在中度损伤，存在中度的鼻音功能亢进。								

续表

构音语音功能评估表			无损伤	轻度损伤	中度损伤	重度损伤	完全损伤	未特指	不适用
身体功能，即人体系统的生理功能 损伤程度			0	1	2	3	4	8	9
b320	构音功能（Articulation functions）	口部感觉	□	□	☑	□	□	□	□
		下颌运动	□	□	☑	□	□	□	□
		唇运动	□	□	☑	□	□	□	□
		舌运动	□	□	□	☑	□	□	□
		声母音位习得	□	□	□	☑	□	□	□
		构音清晰度	□	□	□	☑	□	□	□
	产生言语声的功能，包含构音清晰功能、构音音位习得功能。功能受损时表现为痉挛型、运动失调型、弛缓型神经性言语障碍等神经损伤导致的构音障碍。不包含语言精神功能（b167）；嗓音功能（b310）。									
	信息来源：☑ 病史　□ 问卷调查　☑ 临床检查　□ 医技检查									
	问题描述： 1. 口部感觉得分为 72% ↓。 　患者允许刺激，但是有明显的消极反应（如呕吐、将头部向后撤，以远离刺激）；口部感觉处于中度损伤。 2. 下颌运动得分为 58% ↓。 　存在结构异常；或运动范围未达到正常水平，或无法连续运动，或用其他构音器官的动作代偿或辅助目标动作；下颌运动中度损伤。 3. 唇运动得分为 66% ↓。 　存在结构异常；或运动范围未达到正常水平，或无法连续运动，或用其他构音器官的动作代偿或辅助目标动；唇运动中度损伤。 4. 舌运动得分为 45% ↓。 　努力做目标动作而未成功，用头、眼或其他肢体动作来代偿；舌运动重度损伤。 5. 已掌握声母个数为 10 个 ↓。 　声母音位习得第一、二阶段未完全掌握，已习得声母有 /b、m、h/、/p、g、n/、/f、x/、/l、s/，未习得声母有 /d/、/t、k/、/j、q/、/z、r/、/c、zh、ch、sh/。 6. 构音清晰度为 33.3% ↓。 　构音语音能力重度损伤。									

注：在身体功能参与中，0= 无损伤，1= 轻度损伤，2= 中度损伤，3= 重度损伤，4= 完全损伤，8= 未特指，9= 不适用。

表 5-1-2　基于 ICF 的言语语言功能报告

患者信息			
姓　名：谭某某	出生日期：1970 年 5 月 6 日	性别：☑ 男　□ 女	
检查者：张某某	评估日期：2018 年 6 月 11 日	编号：　001	

续表

身体功能,即人体系统的生理功能损伤程度			无损伤	轻度损伤	中度损伤	重度损伤	完全损伤	未特指	不适用
			0	1	2	3	4	8	9
b3100	嗓音产生	最长声时(MPT)	□	□	☑	□	□	□	□
		言语基频(F_0)	□	☑	□	□	□	□	□
b3101	嗓音音质	基频微扰(Jitter)(粗糙声)	□	□	☑	□	□	□	□
		声门噪声(NNE)(气息声)	□	☑	□	□	□	□	□
		共振峰频率(F_2/i/)(后位聚焦)	□	☑	□	□	□	□	□
		鼻流量(NL)	□	□	☑	□	□	□	□
b320	构音功能	口部感觉	□	□	☑	□	□	□	□
		下颌运动	□	□	☑	□	□	□	□
		唇运动	□	□	☑	□	□	□	□
		舌运动	□	□	□	☑	□	□	□
		声母音位习得	□	□	□	☑	□	□	□
		构音清晰度	□	□	□	☑	□	□	□

(六)以"基于ICF的言语语言治疗计划表"的形式描述治疗

根据上述ICF核心分类组合的3个类目的描述,言语治疗师为患者谭某某制订了言语语言治疗计划,如表5-1-3,确定针对性的治疗方法并合理安排治疗任务。将本次评估结果中的损伤程度作为治疗计划中的初始值,并根据患者能力、治疗师安排以及家属和患者的期望等为患者设立合理的目标值。每次治疗后都将康复效果与目标值进行比对,查看是否达到训练目标。当患者完成一次治疗或一个阶段的康复治疗后再次进行评估以确定治疗后的功能损伤程度,将其作为最终值,同时与目标值进行比对,查看是否达到治疗目标,从而为制订后续或下一阶段的治疗计划或家庭康复计划提供依据。

表 5-1-3 基于 ICF 的言语语言治疗计划表

治疗任务		治疗方法	康复医师	护士	物理治疗师	作业治疗师	言语治疗师	心理工作者	特教教师	初始值	目标值	最终值
言语嗓音功能												
b3100 嗓音产生	最长声时（MPT）	情绪唤醒、发声诱导 生理腹式呼吸训练 言语腹式呼吸训练 增加肺活量训练 生理呼吸控制训练 言语呼吸控制训练 声时实时反馈训练 起音实时反馈训练					√			2	0	0
	言语基频（F_0）	情绪唤醒、发声诱导 音调变化控制能力训练 增加音调的训练 降低音调的训练 音调实时反馈训练					√			1	0	0
b3101 嗓音音质	基频微扰（Jitter）（粗糙声）	情绪唤醒、发声诱导 声带放松训练 提高音质训练 清浊音实时反馈训练 音调实时反馈训练 声学信号 Jitter 反馈训练					√			2	0	1
	声门噪声（NNE）（气息声）	情绪唤醒、发声诱导 声门闭合能力的提高训练 音质提高训练 清浊音实时反馈训练 响度实时反馈训练 声学信号 NNE 反馈训练					√			1	0	0
	共振峰频率（F_2/i/）（后位聚焦）	改善后位聚焦的训练 共振峰 F_2 实时反馈					√			1	0	0
	鼻流量（NL）	改善鼻音功能亢进的训练 鼻流量实时反馈口、鼻腔 LPC 实时反馈					√			2	1	1

续表

治疗任务		治疗方法	康复医师	护士	物理治疗师	作业治疗师	言语治疗师	心理工作者	特教教师	初始值	目标值	最终值
构音语音功能												
b320 构音功能	口部感觉	改善颊，鼻，唇，牙龈，硬腭，舌前、中、后部感觉					√			2	0	1
	下颌运动	提高咬肌肌力，下颌上、下、左、右，前伸，上下、左右连续运动能力					√			2	1	1
	唇运动	改善流涎，提高肌力，提高展圆、闭合、交替运动能力					√			2	1	1
	舌运动	提高肌力，提高舌尖、马蹄形、舌两侧缘、舌前后部运动能力					√			3	1	2
	声母音位习得	音位诱导：发音部位和发音方式					√			3	2	2
	构音清晰度	音位习得：单、双、三音节词 音位对比：听说对比 言语重读：慢板、行板 言语支持：停顿起音、音节时长、音调变化 语音自反馈					√			3	2	2

（七）通过精准康复实时监控治疗效果

治疗师每周对该患者进行三次精准康复，每周完成三次康复后再次进行针对性的评估（对应每周的康复内容），并将评估结果记录下来，如表 5-1-4 和表 5-1-5。治疗开始的前三周以嗓音功能训练为主，后续逐渐增加口部运动治疗和构音训练的比重。以嗓音功能训练为例，治疗前患者的平均基频为 94 Hz，存在音调过低的问题，损伤程度为 1 级；经过第一周的治疗后再次评估为 96 Hz，对应损伤程度仍为 1 级；再进行一周治疗后评估结果为 99 Hz，损伤程度仍为 1 级，但可发现明显的进步；结合前两周的训练情况和评估结果，对治疗方案进行调整后，对患者进行第三周的治疗，治疗后患者的平均基频达到了 105 Hz，对应损伤程度为 0 级，达到了所设定的目标值，证明了治疗切实有效。通过对精准康复表的描述，如表 5-1-4—表 5-1-16，可以实时跟踪治疗效果，有助于对治疗方案中的训练内容和方法进行实时调整，且能为家庭康复训练提供依据，这在言语治疗过程中具有重要意义。

1. 言语嗓音功能精准康复监控

表 5-1-4　言语嗓音功能精准康复记录表

身体功能，即人体系统的生理功能损伤程度			无损伤	轻度损伤	中度损伤	重度损伤	完全损伤	未特指	不适用
			0	1	2	3	4	8	9
b3100	嗓音产生（Production of voice）	最长声时（MPT）	□	□	☑	□	□	□	□
		言语基频（F_0）	□	☑	□	□	□	□	□
b3101	嗓音音质（Quality of voice）	基频微扰（Jitter）（粗糙声）	□	□	☑	□	□	□	□
		声门噪声（NNE）（气息声）	□	☑	□	□	□	□	□
		共振峰频率（$F_2/i/$）（后位聚焦）	□	☑	□	□	□	□	□
		鼻流量（NL）	□	□	☑	□	□	□	□

（1）呼吸功能测量项目：最长声时。

测量工具：言语障碍测量设备（医疗器械分类目录 07 09 05）、言语障碍测量仪软件或者其他。

表 5-1-5　呼吸功能测量

日期	第1次测MPT1	第2次测MPT2	MPT（取较大值）	MPT状况（偏小/正常）	MPT最小要求	相对年龄	实际年龄	是否腹式呼吸	损伤程度	
6月11日	12.0 s	12.5 s	12.5 s	偏小	22 s	14	48	否	初始值	2
									目标值	0
6月15日	16.1 s	16.7 s	16.7 s	偏小	22 s	14	48	否		2
6月22日	18.7 s	19.1 s	19.1 s	偏小	22 s	14	48	否	最终值	1
6月29日	22.5 s	22.8 s	22.8 s	正常	22 s	14	48	否		0

（2）发声功能测量项目：言语基频。

测量工具：言语障碍测量设备（医疗器械分类目录 07 09 05）、言语障碍测量仪软件或者其他。

表 5-1-6　发声功能测量

日期	言语基频 F_0	F_0 状况（↓/正常/↑）	F_0 标准差（F_0SD）	F_0SD 状况（偏小/正常/偏大）	相对年龄	实际年龄	是否音调正常	损伤程度	
6月11日	94	↓	15	偏小			否	初始值	
								目标值	
6月15日	96	↓	18	偏小			否		
6月22日	99	↓	22	正常			是	最终值	
6月29日	105	正常	27	正常			是		

（3）喉功能声学测量项目：基频微扰、幅度微扰、声门噪声、频段能量集中率、基频震颤。

测量工具：言语障碍测量设备（医疗器械分类目录 07 09 05）、言语障碍测量仪软件或者其他。

表 5-1-7　喉功能声学测量

日期	基频微扰（Jitter）	幅度微扰（Shimmer）	声门噪声（NNE）	听感评估是否嗓音漏气	损伤程度			
						Jit	Shim	NNE
6月11日	0.69%		−8.7 dB		初始值	2		1
					目标值	0		0
6月22日	0.67%		−9.3 dB			2		1
6月29日	0.63%		−9.8 dB	最终值		2		0
7月6日	0.60%		−9.9 dB			1		0

（4）口腔共鸣功能测量项目：/i/ 的第二共振峰。

测量工具：言语障碍测量设备（医疗器械分类目录 07 09 05）、言语障碍测量仪软件或者其他。

表 5-1-8　口腔共鸣功能测量

日期	询问发 /i/ 时是否存在后位聚焦，如果是则进入测试	共振峰频率（F_2/i/）	共振峰幅度（A_2/i/）	听感评估		
				后位聚焦严重吗	损伤程度	
6月11日	是	2 053		后位聚焦	初始值	1
					目标值	0
7月27日	是	2 089		后位聚焦		1
8月3日	是	2 133		后位聚焦	最终值	1
8月10日	是	2 164				0

（5）鼻腔共鸣功能测量项目：鼻流量、鼻口腔共鸣比。

测量工具：言语障碍测量设备（医疗器械分类目录 07 09 05）、鼻音障碍测量与训练仪软件或者其他。

表 5-1-9 鼻腔共鸣功能测量

日期	发 /a/ 时是否存在鼻腔共鸣,如果是则进入测试	鼻流量（NL）	鼻口共鸣比（NOR）	听感评估			
				亢进吗/严重吗	损伤程度		
						NL	NOR
6月11日	是	62.55%		亢进、严重	初始值	2	
					目标值	1	
7月6日	是	59.32%		亢进、严重	最终值	2	
7月13日	是	53.46%		亢进		2	
7月20日	是	45.88%		亢进		1	

注：存在功能亢进时，语料选择"我和爸爸吃西瓜"。

2. 构音语音功能精准康复监控

表 5-1-10 构音语音功能精准康复记录表

身体功能，即人体系统的生理功能损伤程度			无损伤	轻度损伤	中度损伤	重度损伤	完全损伤	未特指	不适用
			0	1	2	3	4	8	9
b320	构音功能（Articulation functions）	口部感觉	□	□	☑	□	□	□	□
		下颌运动	□	□	☑	□	□	□	□
		唇运动	□	□	☑	□	□	□	□
		舌运动	□	□	□	☑	□	□	□
		声母音位习得	□	□	□	☑	□	□	□
		构音清晰度	□	□	□	☑	□	□	□

（1）口部感觉功能测量项目：口部感觉。

测量工具：言语障碍测量设备（医疗器械分类目录 07 09 05）、构音障碍测量与康复训练仪软件或者其他。

表 5-1-11 口部感觉功能测量

日期	颊部触觉反应	鼻部触觉反应	唇部触觉反应	牙龈触觉反应	硬腭触觉反应	舌前部触觉反应	舌中部触觉反应	舌后部触觉反应-呕吐反射	口部感觉功能	损伤程度	
6月11日	4/4	3/4	3/4	3/4	3/4	2/4	2/4	3/4	72%	初始值	2
										目标值	0

续表

日期	颊部触觉反应	鼻部触觉反应	唇部触觉反应	牙龈触觉反应	硬腭触觉反应	舌前部触觉反应	舌中部触觉反应	舌后部触觉反应－呕吐反射	口部感觉功能	损伤程度	
7月6日	4/4	4/4	4/4	3/4	3/4	2/4	2/4	2/4	75%		2
7月13日	4/4	4/4	4/4	3/4	3/4	3/4	3/4	2/4	81%	最终值	1
7月20日	4/4	4/4	4/4	3/4	4/4	4/4	3/4	3/4	91%		1

（2）下颌运动功能测量项目：下颌运动。

测量工具：言语障碍测量设备（医疗器械分类目录 07 09 05）、构音障碍测量与康复训练仪软件或者其他。

表 5-1-12 下颌运动功能测量

日期	自然状态	咬肌肌力	向下运动	向上运动	向左运动	向右运动	前伸运动	上下连续运动	左右连续运动	下颌运动功能	损伤程度	
6月11日	3/4	2/4	3/4	3/4	2/4	2/4	3/4	2/4	1/4	58%	初始值	2
											目标值	1
7月13日	4/4	3/4	3/4	3/4	3/4	3/4	3/4	2/4	1/4	69%		2
7月20日	4/4	3/4	3/4	3/4	3/4	3/4	3/4	2/4	2/4	72%	最终值	2
7月27日	4/4	4/4	3/4	3/4	3/4	3/4	3/4	3/4	2/4	78%		1

（3）唇运动功能测量项目：唇运动。

测量工具：言语障碍测量设备（医疗器械分类目录 07 09 05）、构音障碍测量与康复训练仪软件或者其他。

表 5-1-13 唇运动功能测量

日期	自然状态	流涎	唇面部肌群肌力	展唇运动	圆唇运动	唇闭合运动	圆展交替运动	唇齿接触运动	唇运动功能	损伤程度	
6月11日	3/4	3/4	2/4	2/4	3/4	3/4	2/4	3/4	66%	初始值	2
										目标值	1

续表

日期	自然状态	流涎	唇面部肌群肌力	展唇运动	圆唇运动	唇闭合运动	圆展交替运动	唇齿接触运动	唇运动功能	损伤程度	
7月13日	4/4	3/4	3/4	2/4	3/4	3/4	2/4	3/4	72%		2
7月20日	4/4	4/4	3/4	3/4	3/4	3/4	2/4	3/4	78%	最终值	1
7月27日	4/4	4/4	3/4	3/4	3/4	3/4	3/4	3/4	81%		1

（4）舌运动功能测量项目：舌运动。

测量工具：言语障碍测量设备（医疗器械分类目录 07 09 05）、构音障碍测量与康复训练仪软件或者其他。

表 5-1-14 舌运动功能测量

日期	自然状态	舌肌力检查	舌尖前伸	舌尖下舔颌	舌尖上舔唇	舌尖上舔齿龈	舌尖左舔嘴角	舌尖右舔嘴角	舌尖上舔硬腭
6月11日	3/4	2/4	3/4	2/4	2/4	2/4	1/4	1/4	2/4
7月27日	3/4	3/4	3/4	3/4	2/4	2/4	1/4	1/4	2/4
8月3日	3/4	3/4	3/4	3/4	3/4	3/4	2/4	2/4	3/4
8月10日	3/4	3/4	3/4	3/4	3/4	3/4	3/4	3/4	3/4

日期	舌尖左右交替	舌尖前后交替	舌尖上下交替	马蹄形上抬模式	舌两侧缘上抬模式	舌前部上抬模式	舌后部上抬模式	舌运动功能	损伤程度	
6月11日	1/4	1/4	1/4	2/4	1/4	2/4	3/4	45%	初始值	3
									目标值	1
7月27日	1/4	1/4	1/4	2/4	1/4	2/4	3/4	50%		2
8月3日	1/4	1/4	1/4	2/4	1/4	2/4	3/4	56%	最终值	2
8月10日	1/4	1/4	2/4	2/4	1/4	2/4	3/4	61%		2

（5）构音功能测量项目：声母音位习得。

测量工具：言语障碍测量设备（医疗器械分类目录 07 09 05）、构音障碍测量与康复训练仪软件或者其他。

表 5-1-15　构音功能测量（声母音位习得）

日期 音位	6月11日		8月3日		8月10日		8月17日	
	习得与否	错误走向	习得与否	错误走向	习得与否	错误走向	习得与否	错误走向
b	√		√		√		√	
m	√		√		√		√	
d		g			√		√	
h	√		√		√		√	
p	√		√		√		√	
t		⊗		⊗		d	√	
g	√		√		√		√	
k		g	√		√		√	
n	√		√		√		√	
f	√		√		√		√	
j		x		x		x		x
q		x		x		x		x
x	√		√		√		√	
l	√		√		√		√	
z		s		s		s		s
s	√		√		√		√	
r		⊗		⊗		⊗		⊗
c		s		s		s		s
zh		⊗		⊗		⊗		⊗
ch		⊗		⊗		⊗		⊗
sh		⊗		⊗		⊗		⊗
声母音位习得	损伤程度		损伤程度		损伤程度		损伤程度	
	初始值	3	初始值	3	初始值	3	初始值	3
	目标值	2	目标值	2	目标值	2	目标值	2
	最终值		最终值	2	最终值	2	最终值	2

续表

构音康复过程中音位习得精准康复									
日期	阶段	音位	声韵组合	音位习得情况					
				前测	错误走向	正确率	后测	错误走向	正确率
7月30日	二	k	卡 /ka/	100	g	33.3%	111		73.3%
7月30日	二	k	哭 /ku/	011	g	33.3%	111		73.3%
			盔 /kui/	100	g		101	g	
			看 /kan/	010	g		110	g	
			空 /kong/	000	g		010	g	
8月1日	二	k	开关 /kaiguan/	110	g	26.7%	111		66.7%
			昆虫 /kunchong/	100	g		111		
			头盔 /toukui/	010	g		100	g	
			口香糖 /kouxiangtang/	000	⊗		110	g	
			钻孔机 /zuankongji/	000	⊗		100	g	
8月6日	一	d	大 /da/	010	g	20%	111		66.7%
			地 /di/	100	g		110	⊗	
			读 /du/	001	g		110	⊗	
			蛋 /dan/	000	g		101	⊗	
			灯 /deng/	000	g		001	g	
8月8日	一	d	蛋糕 /dangao/	110	g	26.7%	111		73.3%
			钓鱼 /diaoyu/	100	g		111		
			动物 /dongwu/	010	⊗		011	g	
			大猩猩 /daxingxing/	000	⊗		110	g	
			堆雪人 /duixueren/	000	⊗		100	⊗	
8月13日	二	t	她 /ta/	110	d	33.3%	111		80%
			剃 /ti/	001	d		111		
			吐 /tu/	100	d		111		
			碳 /tan/	100	d		011	d	
			糖 /tang/	000	d		100	d	

续表

构音康复过程中音位习得精准康复									
日期	阶段	音位	声韵组合	音位习得情况						
^	^	^	^	前测	错误走向	正确率	后测	错误走向	正确率
8月15日	二	t	拖鞋 /tuoxie/	110	d		111		
^	^	^	太阳 /taiyang/	110	d		111		
^	^	^	楼梯 /louti/	100	d	40%	111		80%
^	^	^	天蓝色 /tianlanse/	100	d		110	d	
^	^	^	梳头发 /shutoufa/	000	d		010	d	

（6）构音功能测量项目：构音清晰度。

测量工具：言语障碍测量设备（医疗器械分类目录 07 09 05）、构音障碍测量与康复训练仪软件或者其他。

表 5-1-16 构音功能测量（构音清晰度）

日期	声母音位对比	韵母音位对比	声调音位对比	构音清晰度	损伤程度	
6月11日	21.7%（5/23）	40%（4/10）	100%（3/3）	33.3%	初始值	3
^	^	^	^	^	目标值	2
8月3日	34.8%（8/23）	50%（5/10）	100%（3/3）	44.4%	最终值	2
8月10日	47.8%（11/23）	50%（5/10）	100%（3/3）	52.8%	^	2
8月17日	60.9%（14/23）	60%（6/10）	100%（3/3）	63.9%	^	2

构音康复过程中言语支持精准康复						
日期	发音状态	语料	前测	差异	后测	差异
8月8日	停顿起音（适中—缓慢）	蛋糕	N			N
^	音节时长（习惯—延长）	蛋糕	N	1.6 s	2.1 s	Y
^	音调变化（习惯—□高/□低）	蛋糕	N			N
8月15日	停顿起音（适中—缓慢）	拖鞋	N	0.6 s	0.8 s	Y
^	音节时长（习惯—延长）	拖鞋	N	1.8 s	2.2 s	Y
^	音调变化（习惯—□高/□低）	拖鞋	N			N

（八）以疗效评价表的形式描述阶段治疗效果

对患者开展言语治疗 10 周后，再次使用治疗前所选择的类目及其评估指标对患者的功能水平进行阶段性评估，并将康复情况记录于表中，如表 5-1-17，以明确、量化地监控治疗效果，并为后续治疗提供参考和依据。

患者经过 10 周的训练后，情况如下。

（1）嗓音功能：嗓音产生中的最长声时损伤程度由 2 级改善至 0 级、言语基频损伤程度由 1 级改善至 0 级，达到预期目标值。嗓音音质中的气息声和后位聚焦损伤程度由 1 级改善至 0 级，达到预期目标值；鼻流量损伤程度由 2 级改善至 1 级，达到预期目标，下一阶段可继续执行现治疗计划，直至其损伤程度改善至正常范围；粗糙声损伤程度由 2 级改善至 1 级，未达到预期目标。

（2）构音语音功能：构音功能中的下颌运动、唇运动损伤程度由 2 级改善至 1 级，声母音位习得和构音清晰度的损伤程度由 3 级改善为 2 级，达到预期目标值，可继续执行本阶段治疗计划，直至其损伤程度改善至正常范围；口部感觉损伤程度由 2 级改善为 1 级，舌运动损伤程度由 3 级改善为 2 级，虽然有所改善，但均未达到预期目标值。

（3）提示下一阶段应在本阶段基础上对治疗方案和计划进行调整，以进一步提高患者能力，直至达到正常范围。

表 5-1-17　基于 ICF 的言语嗓音疗效评价表

ICF 类目组合		初期评估 ICF 限定值 问题					目标值	中期评估（康复__周）							目标达成	末期评估（康复 10 周）							目标达成
								干预	ICF 限定值 问题							干预	ICF 限定值 问题					
		0	1	2	3	4			0	1	2	3	4			0	1	2	3	4	
言语嗓音功能																							
b3100 嗓音产生	最长声时（MPT）						0															√
	言语基频（F_0）						0															√

续表

ICF 类目组合		初期评估						目标值	中期评估（康复__周）							目标达成	末期评估（康复10周）							目标达成
		ICF 限定值							干预	ICF 限定值							干预	ICF 限定值					
		问题								问题								问题					
		0	1	2	3	4				0	1	2	3	4				0	1	2	3	4	
b3101 嗓音音质	基频微扰（Jitter）（粗糙声）							0															—
	声门噪声（NNE）（气息声）							0															√
	后位聚焦（$F_2/i/$）							0															√
	鼻流量（NL）							1															√
构音语音功能																							
b320 构音功能	口部感觉							0															—
	下颌运动							1															√
	唇运动			·				1															√
	舌运动							1															—
	声母音位习得							2															√
	构音清晰度							2															√

第二节 言语功能 ICF 核心分类组合在失语症中的应用

数字资源

ICF 核心分类组合在失语症中的应用

本节主要介绍 ICF 在失语症患者中的应用。本案例中的患者除了有语言障碍外,还因其损伤部位伴有神经性言语障碍,须在康复中心进行言语语言综合治疗。本案例讨论了如何在临床实践中针对患者的言语语言障碍选择恰当的 ICF 核心分类组合,以及如何按照基于 ICF 的言语康复整体解决方案,进行功能评估、计划制订、康复治疗以及疗效评价。

(一) 案例描述

患者信息:高某某,男,48岁,右侧肢体无力伴言语不利4月余。患者4月12日下午3时许,在家无明显诱因下出现右侧肢体无力,言语不清,伴恶心呕吐。家属急送至当地医院急诊,查头颅 CT 示:左侧基底节及额叶血肿。对症治疗后,患者神志渐清,5月1日复查头颅 CT 示:左侧基底节及额叶出血有所吸收,周围水肿较明显。经检查发现,目前患者言语功能相对较好,但存在呼吸支持较差、低音调的问题;语言理解能力较好,能理解部分日常交流内容,对于简单的指令也能够完成,但其口语表达能力较差,表达过程中存在构音错误、电报式语言等问题。认知功能中度受损,简易智能状态量表(Mini-Mental State Examination,简称 MMSE)得分为18分。经成套语言评估量表诊断为运动性失语症。根据评估结果发现,有必要对高某某进行言语语言综合治疗。从评估次日开始,高某某在康复科言语语言治疗组进行康复训练。

(二) 应用范围和机构

患者所在医院康复科的言语治疗组专门负责各年龄段患者的言语语言

康复，包括对听力障碍、智力障碍、嗓音障碍、发育迟缓、失语症、神经性言语障碍等言语语言障碍类型患者进行康复治疗。在该单元中，两名言语治疗师根据医生处方对患者进行治疗，除了治疗以外，这两名治疗师还对患者的功能水平进行准确评估，并将评估结果记入医疗档案，用于制订训练和出院计划。

（三）使用 ICF 核心分类组合的目的

使用 ICF 可以全面描述并评估患者的功能水平，基于评估结果制订治疗计划，并为出院后的康复计划做准备。

（四）选择恰当的 ICF 核心分类组合

ICF 核心分类组合的选取分为两个步骤：一是选取健康状况或状况群相关的 ICF 核心分类组合，二是选择相应类型的 ICF 核心分类组合，以及对应的评估指标。为了描述本案例中患者的功能水平，选择了 ICF 核心分类组合中身体功能的第三章嗓音和言语产生功能以及第一章精神功能中的语言精神功能。引起失语症的主要病因有脑卒中、脑外伤等，患者住院期通常很短，主要侧重药物治疗和外科处理，因此，着重于功能重建和康复介入的时间有限。嗓音和言语功能以及语言精神功能的 ICF 核心分类组合可以帮助心理医生、护士、治疗师和其他康复专业人员全面理解嗓音和言语功能以及语言精神功能的基本含义，有助于确定康复需求、制订出院计划并转诊至其他康复机构继续接受治疗。

本案例中，高某某被诊断为运动性失语症，在描述患者相关的功能问题时，选择了嗓音和言语产生功能以及语言精神功能的 ICF 核心分类组合。相关核心分类组合群中包含了以下健康状况：嗓音的产生。语言精神功能核心分类组合群组包含了以下健康状况项目：① 口语理解；② 书面语理解能力；③ 口语表达；④ 书面语表达。

（五）以"基于ICF言语语言功能评估表"的形式描述功能

为了描述高某某的功能水平，将嗓音和言语产生功能ICF核心分类组合中1个类目和语言精神功能的ICF核心分类组合中的4个类目填入患者的功能记录表格。相关信息来源于病史、医技检查结果以及对患者的访谈。最后的结果由有临床经验的治疗师利用ICF量表进行评估，评估过程中的每个步骤都被记录在案，如表5-2-1，并形成最终的功能概况表，如表5-2-2。

针对本案例中高某某存在的呼吸支持不足及音调单一问题，主要对"b3100嗓音产生"中的最长声时和言语基频进行功能评估。针对本案例中高某某的语言残余能力，主要对"b16700口语理解"中的听觉理解，"b16701书面语理解"中的视觉理解，"b16710口语表达"中的词语命名、词语复述、双音节词时长、双音节词基频、句子复述、口语描述和朗读，以及"b16711书面语表达"中的书写进行评估，以上12个项目的评估结果及损伤程度描述如表5-2-1。上述各项功能均有对应的正常值参考范围，将康复治疗师对患者评估的结果与正常值参考范围比对后，判断患者各项功能损伤程度，并对其进行问题描述。

表5-2-1 基于ICF的言语语言功能评估表

患者信息
姓　名：<u>高某某</u>　　出生日期：<u>1970年6月3日</u>　　性别：☑男　□女
检查者：<u>杨某某</u>　　评估日期：<u>2018年5月12日</u>　　编号：<u>002</u>
类型：□智障_____　□听障_____　□脑瘫_____　□自闭症_____　□发育迟缓_____
☑失语症　<u>运动性失语</u>　　　□神经性言语障碍（构音障碍）_____
□言语失用症_____　　　□其他_____
主要交流方式：☑口语　□图片　□肢体动作　□基本无交流
听力状况：☑正常　□异常　听力设备：□人工耳蜗　□助听器 补偿效果_____
进食状况：<u>正常</u>。
言语、语言、认知状况：言语功能相对较好，但存在呼吸支持较差、音调单一的问题。语言理解能力较好，能理解部分日常交流内容，对于简单的指令也能够完成，但其口语表达能力较差，表达过程中存在构音错误、电报式语言等问题。认知功能中度受损，MMSE得分为18分。
口部触觉感知状况：<u>正常</u>。

续表

身体功能，即人体系统的生理功能损伤程度			无损伤	轻度损伤	中度损伤	重度损伤	完全损伤	未特指	不适用
			0	1	2	3	4	8	9
b3100	嗓音产生	最长声时（MPT）	☐	☑	☐	☐	☐	☐	☐
		言语基频（F_0）	☐	☑	☐	☐	☐	☐	☐
	通过喉及其周围肌肉与呼吸系统配合产生声音的功能，包括发声功能，音调、响度功能。 功能受损时表现为失声、震颤、发声困难等。									
	信息来源：☑ 病史　☐ 问卷调查　☑ 临床检查　☐ 医技检查									
	问题描述： 1. 持续稳定的发声时间为 19 秒↓。 　呼吸支持能力、呼吸与发声协调能力存在轻度损伤。 2. 声带振动为 99 次/秒↓。 　音调及音调控制能力存在轻度损伤。									

语言功能评估表

			0	1	2	3	4	8	9
b16700	口语理解	听觉理解	☐	☐	☑	☐	☐	☐	☐
	对口语信息进行解码以获得其含义的精神功能。									
	信息来源：☑ 病史　☐ 问卷调查　☑ 临床检查　☐ 医技检查									
	问题描述： 口语理解能力得分为 55.74%↓。 对口语信息解码并进行正确理解的精神功能存在中度损伤。									
b16701	书面语理解	视觉理解	☐	☐	☑	☐	☐	☐	☐
	对书面语言信息进行解码以获得其含义的精神功能。									
	信息来源：☑ 病史　☐ 问卷调查　☑ 临床检查　☐ 医技检查									
	问题描述： 书面语理解能力得分为 73.68%↓。 对书面语进行解码，并进行正确理解的精神功能存在中度损伤。									
b16710	口语表达	词语命名	☐	☐	☐	☑	☐	☐	☐
		词语复述	☐	☐	☐	☑	☐	☐	☐
		双音节词时长(2cvT)	☐	☐	☑	☐	☐	☐	☐
		双音节词基频($2cvF_0$)	☐	☐	☑	☐	☐	☐	☐
		句子复述	☐	☐	☐	☑	☐	☐	☐
		口语描述	☐	☐	☐	☑	☐	☐	☐
		朗读	☐	☐	☐	☑	☐	☐	☐

续表

语言功能评估表

		0	1	2	3	4	8	9
b16710	产生有意义的口语信息所必需的精神功能。 信息来源：☑ 病史　☐ 问卷调查　☑ 临床检查　☐ 医技检查 问题描述： 　1. 词语命名能力得分为 44% ↓。 　　对事物进行正确命名的精神功能存在重度损伤。 　2. 词语复述能力得分为 50% ↓。 　　词语复述的精神功能存在重度损伤。 　3. 双音节时长为 1.15 s ↑。 　　双音节时长控制能力存在中度损伤。 　4. 双音节词基频为 90 Hz ↓。 　　双音节基频控制能力存在中度损伤。 　5. 句子复述能力得分为 47.62% ↓。 　　句子复述的精神功能存在重度损伤。 　6. 口语描述得分为 37.33% ↓。 　　对图片或事件进行描述的精神功能存在重度损伤。 　7. 朗读得分为 47.62% ↓。 　　对词语或句子进行正确朗读的精神功能存在重度损伤。							
b16711	书面语表达　　书写　　　☐　☐　☐　☑　☐　☐　☐ 产生有意义的书面语信息所必需的精神功能。 信息来源：☑ 病史　☐ 问卷调查　☑ 临床检查　☐ 医技检查 问题描述： 　书写得分为 31.58% ↓。 　产生有意义的书面语信息所必需的精神功能存在重度损伤。							

注：在身体功能参与中，0= 无损伤，1= 轻度损伤，2= 中度损伤，3= 重度损伤，4= 完全损伤；8= 未特指，9= 不适用。

表 5-2-2　基于 ICF 的言语语言功能报告

患者信息

姓　名：__高某某__　　出生日期：__1970 年 6 月 3 日__　　性别：☑ 男　☐ 女
检查者：__杨某某__　　评估日期：__2018 年 5 月 12 日__　　编号：__002__

身体功能，即人体系统的生理功能 损伤程度			无损伤	轻度损伤	中度损伤	重度损伤	完全损伤	未特指	不适用
			0	1	2	3	4	8	9
b3100	嗓音产生	最长声时（MPT）	☐	☑	☐	☐	☐	☐	☐
		言语基频（F_0）	☐	☑	☐	☐	☐	☐	☐

续表

身体功能，即人体系统的生理功能 损伤程度			无损伤 0	轻度损伤 1	中度损伤 2	重度损伤 3	完全损伤 4	未特指 8	不适用 9
b16700	口语理解	听觉理解	☐	☐	☑	☐	☐	☐	☐
b16701	书面语理解	视觉理解	☐	☐	☑	☐	☐	☐	☐
b16710	口语表达	词语命名	☐	☐	☐	☑	☐	☐	☐
		词语复述	☐	☐	☐	☑	☐	☐	☐
		双音节词时长（2cvT）	☐	☐	☑	☐	☐	☐	☐
		双音节词基频（$2cvF_0$）	☐	☐	☑	☐	☐	☐	☐
		句子复述	☐	☐	☐	☑	☐	☐	☐
		口语描述	☐	☐	☐	☑	☐	☐	☐
		朗读	☐	☐	☐	☑	☐	☐	☐
b16711	书面语表达	书写	☐	☐	☐	☑	☐	☐	☐

（六）以"基于ICF的言语语言治疗计划表"的形式描述治疗

本案例中，言语治疗师为患者制订了如下治疗计划，如表5-2-3，根据患者言语呼吸、音调、口语理解、书面语理解、口语表达和书面语表达功能评估表或功能报告安排治疗任务及对应的治疗方法。该患者的评估结果为最长声时和基频处于1级损伤，口语理解和书面语理解两个类目处于2级损伤，口语表达和书面语表达中除双音节词时频处于2级损伤外，其余项目均处于3级损伤。将该评估结果所得的损伤等级作为治疗计划中的初始值，根据患者的能力及其与家属的期望为患者设立目标值，每次康复后都将康复效果与目标值进行比对，查看是否达到训练目标。当患者完成一次康复或一个阶段的康复后，将其身体功能的损伤程度作为最终值，同时与目标值进行比对，查看是否达到训练目标，并制订下一阶段或家庭康复的计划。

表 5-2-3 基于 ICF 的言语语言治疗计划表

治疗任务		治疗方法	康复医师	护士	物理治疗师	作业治疗师	言语治疗师	心理工作者	特教教师	初始值	目标值	最终值
言语嗓音功能												
b3100 嗓音产生	最长声时（MPT）	情绪唤醒、发声诱导 言语呼吸控制训练 声时实时反馈训练 起音实时反馈训练					√			1	0	0
	言语基频（F_0）	情绪唤醒、发声诱导 音调变化控制能力训练 增加音调的训练 音调实时反馈训练					√			1	0	0
语言功能												
b16700 口语理解	听觉理解	通过多通道刺激模式（听、视、嗅、触）进行高频词的理解训练；刺激的选择顺序以优势刺激为先，带动受损刺激 （1）认识 （2）判断 （3）选择 （4）执行指令 （5）图文匹配 （6）图形核证 （7）选词填空					√			2	0	1
b16701 书面语理解	视觉理解						√			2	0	1
b16710 口语表达	词语命名	结合呼吸支持、呼吸发声协调训练提高患者的言语呼吸功能，可借助语音自反馈进行 1. 词语复述 （1）结合旋律语调治疗法（MIT）/八步进程法进行词语复述训练 （2）高频词的复述训练结合音调梯度训练，可借助语音自反馈进行 2. 词语朗读 （1）认字训练 （2）朗读训练					√			3	1	1
	词语复述						√			3	0	1
	双音节词时频						√			2	1	1
	句子复述						√			3	1	2
	口语描述						√			3	1	2

续表

治疗任务		治疗方法	康复医师	护士	物理治疗师	作业治疗师	言语治疗师	心理工作者	特教教师	初始值	目标值	最终值
b16710 口语表达	朗读	3. 词语命名 （1）视觉刺激 （2）听觉刺激 （3）视听同时刺激 （4）视听继时刺激 4. 句子复述 （1）使用逐字增加句长法进行句子的复述训练 （2）结合旋律语调治疗法（MIT）/八步进程法进行句子复述训练 5. 句子朗读 6. 口语描述 （1）事件排序 （2）提示促进法 （3）事件联想法 （4）促进交流法（PACE）					√			3	1	1
b16711 书面语表达	书写	（1）组字训练 （2）即时抄写训练 （3）延迟抄写训练 （4）听写训练 （5）看图写词语					√			3	1	1

（七）通过精准康复表实时监控治疗效果

本案例中，康复治疗师对患者进行每日一次的精准康复，并将每日康复情况记录于表中，如表5-2-4。以本案例中的词语命名为例，患者第一次评估后/首次训练后能力得分为44%，与常模对照，患者损伤程度为3级，治疗计划中确定的训练目标值为1级；之后每次训练都记录相应的数据，经过数月训练后患者词语命名得分为78%，损伤程度由3级改善至1级，表明患者的词语命名能力经康复训练后有所提升。但由于患者尚未达到正常范围，后续还须调整现治疗计划，进行下一阶段的康复或家庭康复，直至达到正常范围。

1. 言语嗓音功能精准康复监控

表 5-2-4 言语嗓音功能精准康复记录表

身体功能,即人体系统的生理功能损伤程度			无损伤	轻度损伤	中度损伤	重度损伤	完全损伤	未特指	不适用
			0	1	2	3	4	8	9
b3100	嗓音产生	最长声时（MPT）	□	☑	□	□	□	□	□
		言语基频（F₀）	□	☑	□	□	□	□	□

（1）呼吸功能测量项目：最长声时。

测量工具：言语障碍测量设备（医疗器械分类目录 07 09 05）、言语障碍测量仪软件或者其他。

表 5-2-5 呼吸功能测量

日期	第1次测 MPT1	第2次测 MPT2	MPT（取较大值）	MPT 最小要求	MPT 训练目标	相对年龄	腹式呼吸吗	损伤程度	
6月3日	19	17.1	19	22	24	—	是	初始值	1
								目标值	0
6月12日	21	20.4	21	22	24	—	是		1
6月21日	25	23.5	25	22	24	—	是	最终值	0

（2）发声功能测量项目：基频。

测量工具：言语障碍测量设备（医疗器械分类目录 07 09 05）、言语障碍测量仪软件或者其他。

表 5-2-6 发声功能测量

日期	言语基频（F₀）	正常范围	基频标准差（F₀SD）	F₀SD 状况	实际年龄	相对年龄	损伤程度	
6月3日	94	100—133	11	偏小	48	—	初始值	1
							目标值	0
6月18日	101	100—133	13	偏小	48	—		0
6月30日	109	100—133	19	偏小	48	—	最终值	0

2. 语言功能精准康复监控

表 5-2-7　成人语言功能精准康复记录表

身体功能，即人体系统的生理功能损伤程度			无损伤 0	轻度损伤 1	中度损伤 2	重度损伤 3	完全损伤 4	未特指 8	不适用 9
b16700	口语理解	听觉理解	□	□	☑	□	□	□	□
b16701	书面语理解	视觉理解	□	□	☑	□	□	□	□
b16710	口语表达	词语命名	□	□	□	☑	□	□	□
		词语复述	□	□	□	☑	□	□	□
		双音节词时长	□	□	☑	□	□	□	□
		双音节词基频	□	□	☑	□	□	□	□
		句子复述	□	□	□	☑	□	□	□
		口语描述	□	□	□	☑	□	□	□
		朗读	□	□	□	☑	□	□	□
b16711	书面语表达	书写	□	□	□	☑	□	□	□

（1）口语理解功能测量项目：听觉理解。

测量工具：言语障碍康复设备（医疗器械分类目录 19 01 04）、语言认知评估训练与沟通仪软件——失语症训练系统。

表 5-2-8　口语理解功能测量

日期	听觉理解	损伤程度	
6月3日	55.74%	初始值	2
		目标值	0
6月23日	73.77%	最终值	2
7月25日	81.97%		1

（2）书面语理解功能测量项目：视觉理解。

测量工具：言语障碍康复设备（医疗器械分类目录 19 01 04）、语言认知评估训练与沟通仪软件——失语症训练系统。

表 5-2-9　书面语理解功能测量

日期	视觉理解	损伤程度	
6月3日	73.68%	初始值	2
		目标值	0
7月19日	84.21%		1
8月16日	94.74%	最终值	1

（3）口语表达功能测量项目：词语命名。

测量工具：言语障碍康复设备（医疗器械分类目录 19 01 04）、语言认知评估训练与沟通仪软件——失语症训练系统。

表 5-2-10　口语表达功能测量（词语命名）

日期	词语命名	损伤程度	
6月3日	44%	初始值	3
		目标值	1
6月24日	52%		2
8月1日	78%	最终值	1

（4）口语表达功能测量项目：词语复述。

测量工具：言语障碍康复设备（医疗器械分类目录 19 01 04）、语言认知评估训练与沟通仪软件——失语症训练系统。

表 5-2-11　口语表达功能测量（词语复述）

日期	词语复述	损伤程度	
6月3日	50%	初始值	3
		目标值	0
7月13日	56.25%		2
8月4日	84.38%	最终值	1

（5）口语表达功能测量项目：双音节词时长。

测量工具：言语障碍康复设备（医疗器械分类目录 19 01 04）、言语语言综合训练仪软件。

表 5-2-12 口语表达功能测量（双音节词时长）

日期	双音节词语时长	损伤程度	
6月3日	1.15	初始值	2
		目标值	1
7月13日	1.10		2
8月4日	0.97	最终值	1

（6）口语表达功能测量项目：双音节词基频。

测量工具：言语障碍康复设备（医疗器械分类目录 19 01 04）、言语语言综合训练仪软件。

表 5-2-13 口语表达功能测量（双音节词基频）

日期	双音节词基频	损伤程度	
6月3日	90	初始值	2
		目标值	1
7月13日	93		2
8月4日	98	最终值	1

（7）口语表达功能测量项目：句子复述。

测量工具：言语障碍康复设备（医疗器械分类目录 19 01 04）、语言认知评估训练与沟通仪软件——失语症训练系统。

表 5-2-14 口语表达功能测量（句子复述）

日期	句子复述	损伤程度	
6月3日	47.62%	初始值	3
		目标值	1
7月13日	52.38%		2
8月4日	71.43%	最终值	2

（8）口语表达功能测量项目：口语描述。

测量工具：言语障碍康复设备（医疗器械分类目录 19 01 04）、语言认知评估训练与沟通仪软件——失语症训练系统。

表 5-2-15　口语表达功能测量（口语描述）

日期	口语描述	损伤程度	
6月3日	37.33%	初始值	3
		目标值	1
7月13日	57.33%	最终值	2
8月7日	70.67%		2

（9）口语表达功能测量项目：朗读。

测量工具：言语障碍康复设备（医疗器械分类目录 19 01 04）、语言认知评估训练与沟通仪软件——失语症训练系统。

表 5-2-16　口语表达功能测量（朗读）

日期	朗读	损伤程度	
6月3日	47.63%	初始值	3
		目标值	1
7月2日	64.29%	最终值	2
7月30日	85.71%		1

（10）书面语表达功能测量项目：书写。

测量工具：言语障碍康复设备（医疗器械分类目录 19 01 04）、语言认知评估训练与沟通仪软件——失语症训练系统。

表 5-2-17　书面语表达功能测量

日期	书写	损伤程度	
6月3日	31.58%	初始值	3
		目标值	1
7月5日	52.63%	最终值	2
8月2日	76.32%		1

(八)以疗效评价表的形式描述阶段治疗效果

对患者开展言语语言治疗 8 周后,康复治疗师对患者进行阶段性评估,并将康复情况记录于表中,如表 5-2-18,以了解患者的康复进度。患者经过 8 周的训练后,情况如下。

(1)患者嗓音功能中的最长声时和基频的损伤程度由 1 级改善至 0 级,达到预期目标值。

(2)语言功能中词语命名、朗读和书写能力的损伤程度分别由 3 级改善至 1 级,双音节词时长和基频损伤程度由 2 级改善至 1 级,达到预期目标值,下一阶段应继续进行现有治疗计划,直至其损伤程度改善至正常范围。语言功能中听觉理解和视觉理解的损伤程度由 2 级改善为 1 级,词语复述、句子复述以及口语描述的损伤程度由 3 级改善为 1 级和 2 级,虽然有所改善,但均未达到预期目标值。

(3)提示下一阶段应在本阶段基础上对治疗方案和计划进行调整,合理开展下一阶段的康复或家庭康复,以进一步提高患者能力,直至达到正常范围。

表 5-2-18 基于 ICF 的言语语言疗效评价表

ICF 类目组合		初期评估 ICF 限定值 问题					目标值	中期评估(康复__周)							目标达成	末期评估(康复 8 周)							目标达成
		0	1	2	3	4		干预	ICF 限定值 问题							干预	ICF 限定值 问题						
									0	1	2	3	4				0	1	2	3	4		
言语嗓音功能																								
b3100 嗓音产生	最长声时(MPT)						0																√
	言语基频(F_0)						0																√
语言功能																								
b16700 口语理解	听觉理解						0																—

续表

ICF 类目组合		初期评估						目标值	中期评估（康复__周）						目标达成	末期评估（康复8周）						目标达成
		ICF 限定值							干预	ICF 限定值						干预	ICF 限定值					
		问题								问题							问题					
		0	1	2	3	4				0	1	2	3	4			0	1	2	3	4	
语言功能																						
b16701 书面语理解	视觉理解							0														—
b16710 口语表达	词语命名							1														√
	词语复述							0														—
	双音节词时长							1														√
	双音节词基频							1														√
	句子复述							1														—
	口语描述							1														—
	朗读							1														√
b16711 书面语表达	书写							1														√

第三节　言语功能 ICF 核心分类组合在脑瘫儿童中的应用

本节主要介绍 ICF 在脑瘫儿童言语语言障碍中的应用。本案例中的患者除运动障碍外还伴有言语语言和认知障碍，并在康复中心接受综合康复治疗。本案例讨论了如何在临床实践中针对患儿的言语语言障碍选择恰当的 ICF 核心分类组合，以及如何按照基于 ICF 的言语语言障碍解决途径，进行评估、计划制订、康复治疗以及疗效评价。

（一）案例描述

患者信息：吴某某，女，6 岁。出生后 1 年确诊为脑瘫（痉挛型四肢瘫）、言语语言障碍，多年来间断性地在不同医院和康复机构进行物理治疗、作业治疗、言语治疗和中医传统治疗，取得一定的疗效，未接受过学前教育。除了运动功能障碍外，目前言语障碍表现为言语声音小，一字一顿，仅能进行少部分音节的发音，言语可懂度较低；语言能力方面，仅掌握部分词语的理解和表达，较少用句子沟通；认知方面，能够认识红、黄、绿等简单颜色，不认识紫色、灰色等复杂颜色，对数概念、物体的量等的基本认知存在落后。因此，有必要对吴某某进行言语语言综合、认知康复的训练，从评估当日开始，吴某某在康复中心言语治疗组进行康复训练。

（二）应用范围和机构

患者所在医院康复中心的言语治疗组专门负责各年龄段患者的言语语言康复，包括对听力障碍、智力障碍、脑瘫、嗓音障碍、失语症、神经性言语障碍等言语语言障碍类型患者进行康复治疗。在言语康复中，两名言语治疗师根据医生处方对患者进行治疗。除了治疗以外，这两名治疗师还对患者的功能水平进行准确评估,并将评估结果记入医疗档案,用于制订训练和出院计划。

(三) 使用 ICF 核心分类组合的目的

使用 ICF 可以全面描述并评估患者的功能水平,基于评估结果制订治疗计划,并为出院后的康复计划做准备。

(四) 选择恰当的 ICF 核心分类组合

ICF 核心分类组合的选取分为两个步骤:一是选取言语语言健康状况或状况群相关的 ICF 核心分类组合,二是选择相应类型的 ICF 核心分类组合及对应的评估指标。

1. 与特定健康状况或状况群相关的 ICF 核心分类组合的选择

为了描述本案例中患者的功能水平,选择了 ICF 核心分类组合中身体功能的第一章语言精神功能、第三章言语语言产生功能等。学龄前期是脑瘫儿童言语语言康复的关键期,因此对患儿进行标准化言语语言康复至关重要。言语和语言功能的 ICF 核心分类组合可以帮助心理医生、护士、治疗师和其他康复专业人员全面理解言语和语言功能的基本含义,有助于确定康复需求、制订出院计划或转诊至其他康复机构继续接受治疗。

本案例中,吴某某有言语嗓音、构音、语言等障碍表现,因此选择了言语和语言功能的 ICF 核心分类组合。该 ICF 核心分类组合群组包含了以下健康状况项目:① 嗓音的产生;② 构音;③ 语言精神功能。

2. ICF 核心分类组合类型及评估指标的选择

ICF 核心分类组合的类型决定了 ICF 类目的数量。结合本案例中患者颜色认知功能的不足,将 b1561 视觉加入到言语语言障碍 ICF 核心分类组合中。

针对所选的 ICF 类目,选择恰当的评估工具和指标对限定值进行判定。结合患者当前最需要解决的问题,b3100 嗓音产生中选用最长声时来反映言语呼吸支持能力和呼吸与发声的协调性；选用言语基频来反映言语时声带振动的规律性。b320构音功能中选用口部运动功能评估中的口部感觉、下颌运动、唇运动和舌运动，以及声母音位习得和构音清晰度等指标，反映患者的构音状况。由于当前患儿的语言能力处于词语学习阶段，b16700口语理解能力中选用对词语的听觉理解，b16710口语表达能力中选用对词语的表达能力。根据患儿情况b1561视觉功能中，仅选择对颜色的认识和辨别能力进行评估。

（五）以"基于ICF的言语语言功能评估表"的形式描述功能

为了描述吴某某的功能水平，将当前符合患儿的言语和语言功能的ICF核心分类组合中的5个类目填入患者的功能记录表格。相关信息来源于病史、医技检查结果以及与患者的访谈。最后由有临床经验的治疗师利用ICF量表进行评估。评估过程中的每个步骤都被记录在案，如表5-3-1，并形成最终的功能概况表，如表5-3-2。上述各项评估指标均有对应的正常值参考范围，将康复治疗师对患者评估的结果与正常值参考范围比对后判断患者各项功能的损伤程度，并对其进行问题描述。

表 5-3-1 基于 ICF 的言语语言功能评估表

患者信息
姓　名：__吴某某__　　出生日期：__2012年3月1日__　　性别：□男 ☑女
检查者：__王某某__　　评估日期：__2018年3月15日__　　编号：____003____
类型：□智障____ □听障____ ☑脑瘫 _痉挛型四肢瘫_ □自闭症____ □发育迟缓____
□失语症_____ □神经性语言障碍（构音障碍）_____
□言语失用症_____ □其他
主要交流方式：☑口语 □图片 □肢体动作 □基本无交流
听力状况：☑正常 □异常　　听力设备：□人工耳蜗 □助听器 补偿效果_____
进食状况：____正常。
言语、语言、认知状况：_目前言语语言障碍表现为言语声音小，一字一顿；构音j、g、x_ _未习得；语言能力方面仅掌握部分词语的理解和表达；认知能力方面能够认知颜色、图_ _形等，未掌握时间、方位等概念。_
口部触觉感知与运动状况：_口部触觉感知基本正常，下颌运动转换能力较差，圆唇动作不_ _充分，舌头运动灵活性较差。_

续表

身体功能，即人体系统的生理功能损伤程度			无损伤	轻度损伤	中度损伤	重度损伤	完全损伤	未特指	不适用
			0	1	2	3	4	8	9
b3100	嗓音产生（Production of voice）	最长声时（MPT）	☐	☐	☐	☑	☐	☐	☐
		言语基频（F_0）	☐	☐	☑	☐	☐	☐	☐
	通过喉及其周围肌肉与呼吸系统配合产生声音的功能，包括发声功能，音调、响度功能。 功能受损时表现为失声、震颤、发声困难等。								
	信息来源：☑ 病史　☐ 问卷调查　☑ 临床检查　☐ 医技检查								
	问题描述： 1. 持续稳定的发声时间为 1.3 秒↓。 呼吸支持能力、呼吸与发声协调能力存在重度损伤。 2. 声带振动为 430 次/秒↑。 音调及音调控制能力存在中度损伤。								

构音与韵律功能评估表

身体功能，即人体系统的生理功能损伤程度			无损伤	轻度损伤	中度损伤	重度损伤	完全损伤	未特指	不适用
			0	1	2	3	4	8	9
b320	构音功能（Articulation functions）	口部感觉	☑	☐	☐	☐	☐	☐	☐
		下颌运动	☐	☐	☑	☐	☐	☐	☐
		唇运动	☐	☑	☐	☐	☐	☐	☐
		舌运动	☐	☐	☑	☐	☐	☐	☐
		声母音位习得	☐	☐	☐	☑	☐	☐	☐
		构音清晰度	☐	☐	☑	☐	☐	☐	☐
	产生言语声的功能，包含构音清晰功能，构音音位习得功能。 功能受损时表现为痉挛型、运动失调型、弛缓型神经性言语障碍，神经损伤导致的构音障碍。 不包含语言精神功能（b167）、嗓音功能（b310）。								
	信息来源：☑ 病史　☐ 问卷调查　☑ 临床检查　☐ 医技检查								
	问题描述： 1. 口部感觉得分为 97%，口部感觉无损伤。 2. 下颌运动得分为 61%↓，下颌运动中度损伤。 3. 唇运动得分为 91%↓，唇运动轻度损伤。 4. 舌运动得分为 58%↓，舌运动中度损伤。 5. 已掌握声母个数为 10 个↓，声母音位习得第三阶段未完全掌握。 6. 构音清晰度为 55.56%↓，构音语音能力中度损伤。								

续表

身体功能，即人体系统的生理功能 损伤程度			无 损伤	轻度 损伤	中度 损伤	重度 损伤	完全 损伤	未 特指	不 适用
b320	进一步描述： 　　圆唇、展唇和圆展交替运动不能维持3秒；下颌向左、向右、向前运动时用其他器官代偿，上下、左右等连续动作不标准；舌运动大部分动作不标准，或不能坚持3秒。患者构音处于第三阶段，已习得 b、m、d、h、p、t、g、k、n、f 等声母，未习得 j、q、x 及第四、第五阶段的声母。								
语言功能评估表									
			0	1	2	3	4	8	9
b16700	口语理解 （儿童）	词语理解	□	□	☑	□	□	□	□
	对口语信息进行解码以获得其含义的精神功能。								
	信息来源：☑ 病史　□ 问卷调查　☑ 临床检查　□ 医技检查								
	问题描述： 　　患儿词语理解能力得分为20分↓。 　　对口语信息解码并进行正确理解的精神功能存在中度损伤。								
			0	1	2	3	4	8	9
b16710	口语表达 （儿童）	词语命名	□	□	□	☑	□	□	□
	产生有意义的口语信息所必需的精神功能。								
	信息来源：☑ 病史　□ 问卷调查　☑ 临床检查　□ 医技检查								
	问题描述： 　　患儿词语命名能力得分为24分↓。 　　对事物进行正确命名的精神功能存在重度损伤。								
认知功能评估表									
			0	1	2	3	4	8	9
b1561	视觉	颜色	□	□	☑	□	□	□	□
	涉及辨别形状、大小、颜色和其他视觉刺激的精神功能。								
	信息来源：☑ 病史　□ 问卷调查　☑ 临床检查　□ 医技检查								
	问题描述： 　　辨别常见颜色的得分为5分↓。 　　颜色的视觉感知精神功能存在中度损伤。 进一步描述： 　　患者已习得了红色、黄色、蓝色、绿色、黑色，未习得紫色、灰色等颜色。								

注：用于身体功能损伤程度的描述和分级，0= 功能无损伤；1= 轻度损伤；2= 中度损伤；3= 重度损伤；4= 完全损伤；8= 未特指；9= 不适用。

表 5-3-2 基于 ICF 的言语语言功能评估报告

患者信息						
姓　名：吴某某　　出生日期：2012 年 3 月 1 日　　性别：□ 男 ☑ 女						
检查者：王某某　　评估日期：2018 年 3 月 15 日　　编号：　003						

身体功能,即人体系统的生理功能 损伤程度			无损伤	轻度损伤	中度损伤	重度损伤	完全损伤	未特指	不适用
			0	1	2	3	4	8	9
b3100	嗓音产生	最长声时（MPT）	□	□	□	☑	□	□	□
		言语基频（F_0）	□	□	☑	□	□	□	□
b320	构音功能	口部感觉	☑	□	□	□	□	□	□
		下颌运动	□	□	☑	□	□	□	□
		唇运动	□	☑	□	□	□	□	□
		舌运动	□	□	☑	□	□	□	□
		声母音位习得	□	□	□	☑	□	□	□
		构音清晰度	□	□	☑	□	□	□	□
b16700	口语理解（儿童）	词语理解	□	□	☑	□	□	□	□
b16710	口语表达（儿童）	词语命名	□	□	□	☑	□	□	□
b1561	视觉	颜色	□	□	☑	□	□	□	□

（六）以"基于 ICF 的言语语言治疗计划表"的形式描述治疗

本案例中，言语治疗师为患者制订了如下治疗计划，如表 5-3-3，根据患者言语语言的功能评估表或功能概况表安排治疗任务及对应的治疗方法。该患者首次评估结果对应的 ICF 类目限定值为初始值，根据患者的能力及其与家属的期望为患者设立目标值，每次康复后都将康复效果与目标值进行比对，查看是否达到训练目标。当患者完成一次康复或一个阶段的康复后，将其身体功能的损伤程度作为最终值，与目标值进行比对，查看是否达到训练目标，并制订下一阶段的康复或家庭康复的计划。

表 5-3-3 基于 ICF 的言语语言治疗计划表

治疗任务		治疗方法	康复医师	护士	物理治疗师	作业治疗师	言语治疗师	心理工作者	特教教师	初始值	目标值	最终值
言语嗓音功能												
b3100 嗓音产生	最长声时 (MPT)	生理腹式呼吸训练 言语腹式呼吸训练 增加肺活量训练 生理呼吸控制训练 言语呼吸控制训练 起音实时反馈训练					√			3	1	0
	言语基频 (F_0)	情绪唤醒、发声诱导 音调变化控制能力训练 增加音调的训练 音调实时反馈训练					√			2	0	0
构音语音功能												
b320 构音功能	下颌运动	提高咬肌肌力,下颌下、上、左、右,前伸,上下、左右连续运动能力					√			2	1	1
	唇运动	改善流涎,提高肌力,提高展圆、闭合、交替运动能力					√			1	0	0
	舌运动	提高肌力,提高舌尖、马蹄形、舌两侧缘、舌前后部运动能力					√			2	1	1
	声母音位习得	音位诱导:发音部位和发音方式					√			3	2	2
	构音清晰度	音位习得:单、双、三音节词 音位对比:听说对比 言语重读:慢板、行板 言语支持:停顿起音、音节时长、音调变化 语音自反馈					√			2	1	2
语言功能												
b16700 口语理解	词语理解	听回答 听选择 执行口头指令					√			2	1	1

续表

治疗任务		治疗方法	康复医师	护士	物理治疗师	作业治疗师	言语治疗师	心理工作者	特教教师	初始值	目标值	最终值
b16710 口语表达	词语命名	高频词命名能力（视觉刺激、听觉刺激、视听继时、视听同时、续话、列名）					√			3	2	2
认知功能												
b1561 视觉	颜色	指认常见颜色训练 命名常见颜色训练					√			2	1	2

（七）通过精准康复表实时监控治疗效果

本案例中，言语治疗师每周对该患者进行3次言语治疗，隔天一次，采用精准康复记录表监控治疗过程中的情况，如见表5-3-4—表5-3-12。按照呼吸支持、音调、口部运动、构音音位、词语的理解和表达，颜色认识顺序开展训练，并进行精准康复训练监控。以呼吸支持的康复为例，首次评估时患者的最长声时为1.3秒，胸式呼吸，对应b3100嗓音产生的限定值为3，重度损伤。经过3次（1小时/次）言语康复训练，患儿建立了腹式呼吸方式，呼吸支持达到了7秒，已达到了6岁儿童的正常范围，对应b3100嗓音产生的限定值为0，无损伤，达到了所设定的目标值，证明了治疗的切实有效。以精准康复记录表来描述治疗效果，可以实时跟踪治疗情况，有助于对治疗方案中的训练内容和方法进行实时调整，且能为家庭康复训练提供依据，在言语治疗过程中具有重要意义。

1. 嗓音功能精准康复训练

表5-3-4 嗓音功能精准康复记录表

患者信息			
姓　名：　吴某某	出生日期：　2012年3月1日	性别：□男 ☑女
检查者：　王某某	评估日期：　2018年3月15日	编号：　　003

续表

身体功能，即人体系统的生理功能损伤程度			无损伤	轻度损伤	中度损伤	重度损伤	完全损伤	未特指	不适用
			0	1	2	3	4	8	9
b3100	嗓音产生（Production of voice）	最长声时（MPT）	□	□	□	☑	□	□	□
		言语基频（F_0）	□	□	☑	□	□	□	□

（1）呼吸功能测量项目：最长声时。

测量工具：言语障碍测量设备（医疗器械分类目录07 09 05）、言语障碍测量仪软件或者其他。

表5-3-5　呼吸功能测量

日期	第1次测MPT1	第2次测MPT2	MPT（取较大值）	MPT最小要求	MPT训练目标	相对年龄	腹式呼吸吗	损伤程度	
3月15日	1.3	1.2	1.3	6	7	＜4	否	初始值	3
								目标值	1
3月17日	3.6	4.0	4.0	6	7	5	是	最终值	2
3月19日	5.7	5.8	5.8	6	7	5	是		1
3月21日	6.6	7.0	7.0	6	7	6	是		0

（2）发声功能测量项目：言语基频。

测量工具：言语障碍测量设备（医疗器械分类目录07 09 05）、言语障碍测量仪软件或者其他。

表5-3-6　发声功能测量

日期	言语基频（F_0）	正常范围	基频标准差F_0SD	F_0SD状况	实际年龄	相对年龄	损伤程度	
3月15日	410	272—326	20	偏大	6	＜4	初始值	2
							目标值	0
3月21日	410	272—326	20	偏大	6	4	最终值	2
3月23日	398	272—326	20	偏大	6	4		1
3月25日	385	272—326	20	偏大	6	4		0

2. 构音功能精准康复监控

表 5-3-7 构音功能精准康复记录表

患者信息							
姓　名：__吴某某__		出生日期：__2012 年 3 月 1 日__			性别：□男 ☑女		
检查者：__王某某__		评估日期：__2018 年 3 月 15 日__			编号：__003__		
身体功能，即人体系统的生理功能 损伤程度			无损伤	轻度损伤	中度损伤	重度损伤	完全损伤	未特指	不适用
			0	1	2	3	4	8	9
b320	构音功能（Articulation functions）	口部感觉	☑	□	□	□	□	□	□
		下颌运动	□	□	☑	□	□	□	□
		唇运动	□	☑	□	□	□	□	□
		舌运动	□	□	☑	□	□	□	□
		声母音位习得	□	□	□	☑	□	□	□
		构音清晰度	□	□	☑	□	□	□	□

（1）下颌运动功能测量项目：下颌运动。

测量工具：言语障碍测量设备（医疗器械分类目录 07 09 05）、构音障碍测量与康复训练仪软件或者其他。

表 5-3-8 下颌运动功能测量

日期	自然状态	咬肌肌力	向下运动	向上运动	向左运动	向右运动	前伸运动	上下连续运动	左右连续运动	下颌运动功能	损伤程度	
4月1日	4/4	3/4	3/4	4/4	1/4	1/4	1/4	3/4	2/4	61%	初始值	2
											目标值	1
4月3日	4/4	4/4	4/4	4/4	1/4	1/4	1/4	3/4	2/4	67%	最终值	2
4月5日	4/4	4/4	4/4	4/4	1/4	1/4	1/4	4/4	4/4	73%		1
4月7日	4/4	4/4	4/4	4/4	2/4	2/4	3/4	4/4	4/4	86%		1

（2）唇运动功能测量项目：唇运动。

测量工具：言语障碍测量设备（医疗器械分类目录 07 09 05）、构音障碍测量与康复训练仪软件或者其他。

表 5-3-9 唇运动功能测量

日期	自然状态	流涎	唇面部肌群肌力	展唇运动	圆唇运动	唇闭合运动	圆展交替运动	唇齿接触运动	唇运动功能	损伤程度	
4月1日	4/4	4/4	4/4	4/4	3/4	3/4	3/4	4/4	91%	初始值	1
										目标值	0
4月9日	4/4	4/4	4/4	4/4	4/4	4/4	3/4	4/4	97%	最终值	0

（3）舌运动功能测量项目：舌运动。

测量工具：言语障碍测量设备（医疗器械分类目录 07 09 05）、构音障碍测量与康复训练仪软件或者其他。

表 5-3-10 舌运动功能测量

日期	自然状态	舌肌力检查	舌尖前伸	舌尖下舔颌	舌尖上舔唇	舌尖上舔齿龈	舌尖左舔嘴角	舌尖右舔嘴角	舌尖上舔硬腭
4月1日	4/4	2/4	2/4	4/4	3/4	1/4	3/4	4/4	3/4
4月9日	4/4	3/4	3/4	4/4	4/4	1/4	3/4	4/4	3/4
4月11日	4/4	3/4	3/4	4/4	4/4	3/4	3/4	4/4	3/4
4月13日	4/4	3/4	3/4	4/4	4/4	3/4	3/4	4/4	3/4

舌尖左右交替	舌尖前后交替	舌尖上下交替	马蹄形上抬模式	舌两侧缘上抬模式	舌前部上抬模式	舌后部上抬模式	舌运动功能	损伤程度	
3/4	3/4	2/4	1/4	1/4	0/4	1/4	58%	初始值	2
								目标值	1
3/4	3/4	2/4	1/4	1/4	0/4	1/4	62%	最终值	2
3/4	3/4	2/4	1/4	1/4	0/4	1/4	66%		2
3/4	3/4	2/4	2/4	1/4	2/4	1/4	70%		1

（4）构音功能测量项目：声母音位习得。

测量工具：言语障碍测量设备（医疗器械分类目录 07 09 05）、构音障碍测量与康复训练仪软件或者其他。

表 5-3-11 构音功能测量

日期	4月5日		4月10日		4月15日		4月21日	
音位	习得与否	错误走向	习得与否	错误走向	习得与否	错误走向	习得与否	错误走向
b	是		是		是		是	
m	是		是		是		是	
d	是		是		是		是	
h	是		是		是		是	
p	是		是		是		是	
t	是		是		是		是	
g	是		是		是		是	
k	是		是		是		是	
n	是		是		是		是	
f	否	b	否	b	是		是	
j	否	歪曲	否	歪曲	否	歪曲	是	
q	否	歪曲	否	歪曲	否	歪曲	否	歪曲
x	否	歪曲	否	歪曲	否	歪曲	否	歪曲
l	否	h	否	h	否	h	否	h
z	否	歪曲	否	歪曲	否	歪曲	否	歪曲
s	否	歪曲	否	歪曲	否	歪曲	否	歪曲
r	否	遗漏	否	遗漏	否	遗漏	否	遗漏
c	否	k	否	k	否	k	否	k
zh	否	歪曲	否	歪曲	否	歪曲	否	歪曲
ch	否	t	否	t	否	t	否	t
sh	否	g	否	g	否	g	否	g
声母音位习得	损伤程度		损伤程度		损伤程度		损伤程度	
	初始值	3	初始值	3	初始值	3	初始值	2
	目标值	2	目标值	2	目标值	2	目标值	1
	最终值	3	最终值	3	最终值	2	最终值	2

续表

构音康复过程中音位习得精准康复									
日期	阶段	音位	声韵组合	音位习得情况						
				前测	错误走向	正确率	后测	错误走向	正确率
4月5日	三	f	fu	000	b	0%	010	b	33.3%
			fa	000	b		000	b	
			fei	000	b		011	√	
			…							
4月10日	三	f	fu	001	b	33.3%	111	√	77.8%
			fa	000	b		011	√	
			fei	011	√		011	√	
			…							
4月15日	三	j	ji	001	歪曲	22.2%	011	√	55.6%
			jia	001	歪曲		011	√	
			jiao	000	歪曲		001	歪曲	
			…							

（5）构音功能测量项目：构音清晰度。

测量工具：言语障碍测量设备（医疗器械分类目录 07 09 05）、构音障碍测量与康复训练仪软件或者其他。

表 5-3-12 构音功能测量

日期	声母音位对比	韵母音位对比	声调音位对比	构音清晰度	损伤程度	
4月5日	61%	40%	66.7%	55.56%	初始值	2
						目标值	1
4月10日	61%	40%	66.7%	55.56%	最终值	2
4月15日	65%	50%	66.7%	61.11%		2
4月21日	70%	50%	100%	66.7%		2

（八）以疗效评价表形式描述阶段治疗效果

对患者开展言语治疗 5 周后，再次使用治疗前所选择的类目及其评估指标对患者的功能水平进行描述，并将评估结果转化为限定值填入疗效评价表中，如表 5-3-13。患者经过 5 周的训练后，情况如下。

（1）患者嗓音功能中的最长声时的损伤程度由 3 级改善至 0 级，言语基频的损伤程度由 2 级改善至 0 级，达到预期目标值。

（2）构音功能中唇运动损伤程度由 1 级改善至 0 级，达到预期目标值；下颌运动和舌运动损伤程度由 2 级改善至 1 级，声母音位习得损伤程度由 3 级改善至 2 级，达到预期目标值，下一阶段应继续进行现治疗计划，直至其损伤程度改善至正常范围；构音清晰度的损伤尚无明显改善。

（3）语言功能中口语理解损伤程度由 2 级改善至 1 级，口语表达功能由 3 级改善至 2 级，均达到预期目标值。

（4）认知功能中儿童视觉能力尚无明显改善。

（5）提示下一阶段应在本阶段基础上对治疗方案和治疗计划进行调整，合理进行下一阶段的康复或家庭康复，以进一步提高患者能力，直至达到正常范围。

表 5-3-13　言语语言康复疗效评价表

ICF 类目组合		初期评估 ICF 限定值 问题					目标值	中期评估（康复__周） ICF 限定值						目标达成	末期评估（康复 5 周） ICF 限定值						目标达成
		0	1	2	3	4		干预	0	1	2	3	4		干预	0	1	2	3	4	
言语嗓音功能																					
b3100 嗓音产生	最长声时（MPT）																				√
	言语基频（F_0）																				√
构音语音功能																					
b320 构音功能	下颌运动																				√
	唇运动																				√
	舌运动																				√
	声母音位习得																				√

续表

ICF 类目组合		初期评估						目标值	中期评估（康复__周）							目标达成	末期评估（康复5周）							目标达成
		ICF 限定值							干预	ICF 限定值							干预	ICF 限定值					
		问题								问题								问题					
		0	1	2	3	4				0	1	2	3	4				0	1	2	3	4	
构音语音功能																								
b320 构音功能	构音清晰度																							—
儿童语言功能																								
b16700 口语理解	词语理解																							√
b16710 口语表达	词语命名																							√
认知功能																								
b1561 视觉	颜色																							—

第四节 言语功能 ICF 核心分类组合在发育迟缓儿童言语语言障碍中的应用

本节主要介绍言语功能 ICF 核心分类组合在发育迟缓儿童中的应用。发育迟缓儿童除了存在运动发育落后外，还存在言语语言、认知等各方面的发育落后，须在康复中心接受综合康复治疗。本案例中的患者言语语言发育迟缓问题较为突出，本案例讨论了如何在临床实践中针对患者的言语语言障碍选择恰当的 ICF 核心分类组合，以及如何按照基于 ICF 的言语康复整体解决方案，进行功能评估、计划制订、康复治疗与疗效评价。

（一）案例描述

患者信息：余某某，4 岁 6 个月，发育迟缓，3 岁开始接受康复治疗。家属反映患者目前语言问题较为突出，在生活中较多以手势来表达自己的需求，口语表达较少，仅能表达少数的生活常见词，如"爸爸""妈妈""苹果"等。经临床检查后发现，患者仍然存在一定的呼吸支持和音调障碍，但目前语言问题更为显著，处于单词句阶段，语言的理解与掌握以词语为主，理解能力优于表达能力。认知各项功能存在落后现象，有必要对其进行言语语言综合、认知康复训练。从评估次日开始，余某某在某中心康复科言语治疗组进行康复训练。

（二）应用范围和机构

该中心的言语治疗组专门承担各年龄段患者的言语康复工作，包括智力障碍、听力障碍、嗓音障碍、失语症、神经性言语障碍等类型。在治疗中，两名康复师根据高级康复师（或医生）处方对患者进行治疗。除了治疗以外，这两名康复师还对患者的功能水平进行精确评估，并将评估结果记入医疗档案，用于制订训练和出院计划。

（三）使用 ICF 核心分类组合的目的

使用言语功能 ICF 核心分类组合可以全面描述并评估患者的功能水平，基于功能评估结果来制订治疗计划，并为出院后的康复计划做准备。

（四）选择恰当的 ICF 核心分类组合

言语功能 ICF 核心分类组合的选取分为两个步骤：一是选取与健康状况或状况群相关的 ICF 核心分类组合，二是选择相应类型的 ICF 核心分类组合及对应的评估指标。为了描述本案例中患者的功能水平，选择了 ICF 核心分类组合中身体功能的第三章嗓音和言语产生功能以及第一章精神功能中的语言精神功能。发育迟缓儿童由于各方面发育的落后，其言语语言发育也一定会存在不同程度的落后，因此需要康复训练的早期介入。嗓音和言语功能以及语言精神功能的 ICF 核心分类组合可以帮助心理医生、护士、治疗师和其他康复专业人员全面理解嗓音和言语功能以及语言精神功能的基本含义，有助于确定患者的在院康复需求、制订出院计划或转诊至其他康复机构继续接受治疗。

本案例中，余某某被诊断为发育迟缓，其言语和语言方面存在一定的落后，以早期语言问题更为突出。嗓音和言语产生功能的核心分类组合群中包含了嗓音的产生这一健康状况项目。语言精神功能核心分类组合群组中包含了以下健康状况：① 口语理解；② 口语表达。

（五）以"基于 ICF 的语言言语功能评估表"的形式描述功能

为了描述余某某的功能水平，将嗓音和言语产生功能 ICF 核心分类组合中 1 个类目和语言精神功能 ICF 核心分类组合中的 2 个类目填入患者的功能评估表中。相关信息来源于病史、医技检查结果以及对患者家长的访谈。最后的结果由有临床经验的治疗师利用 ICF 量表进行评估。评估过程中的每个步骤都被记录在案，如表 5-4-1，并形成最终的功能报告，如表 5-4-2。

针对本案例中余某某存在呼吸支持不足及音调偏高的问题，选择了"b3100 嗓音产生"中的最长声时、基频、基频震颤和声带接触率进行功能评估。针对余某某语言获得情况，主要选取"b16700 口语理解"中的词语理解和句子理解，以及"b16710 口语产生"中的词语命名和句式仿说进行功能评估。以上 8 个项目的评估结果及损伤程度描述如表 5-4-1，上述各项功能均有对应的正常值参考范围，康复治疗师将患者的评估结果与正常值参考范围比对后判断患者各项功能损伤程度，并对其进行问题描述。

表 5-4-1 基于 ICF 的言语语言功能评估表

患者信息
姓　名：<u>余某某</u>　　出生日期：<u>2014 年 3 月 15 日</u>　　性别：☑男　□女
检查者：<u>杨某某</u>　　评估日期：<u>2018 年 6 月 3 日</u>　　编号：<u>　004　</u>
类型：□智障____　□听障____　□脑瘫____　□自闭症____　☑发育迟缓____
□失语症_____　□神经性言语障碍（构音障碍）_____
□言语失用症_____　□其他_____
主要交流方式：☑口语　□图片　□肢体动作　□基本无交流
听力状况：☑正常　□异常　　听力设备：□人工耳蜗　□助听器　补偿效果_____
进食状况：<u>软食为主。</u>
言语、语言、认知状况：<u>言语方面，呼吸支持较弱，存在高音调问题。语言方面，在生活中较多以手势来表达自己的需求，也能使用口语进行表达，但仅能表达少数的生活常见词，如"爸爸""妈妈"等。</u>
口部触觉感知与运动状况：<u>良好。</u>

身体功能，即人体系统的生理功能损伤程度			无损伤	轻度损伤	中度损伤	重度损伤	完全损伤	未特指	不适用
			0	1	2	3	4	8	9
b3100	嗓音产生（Production of voice）	最长声时（MPT）	□	□	☑	□	□	□	□
		言语基频（F_0）	□	☑	□	□	□	□	□
		基频震颤	☑	□	□	□	□	□	□
		声带接触率（CQ）	□	☑	□	□	□	□	□
	通过喉及其周围肌肉与呼吸系统配合产生声音的功能，包括发声功能、音调、响度功能。功能受损时表现为失声、震颤、发声困难等。									

续表

身体功能，即人体系统的生理功能损伤程度		无损伤	轻度损伤	中度损伤	重度损伤	完全损伤	未特指	不适用
b3100	信息来源：☑ 病史 □ 问卷调查 ☑ 临床检查 □ 医技检查							
	问题描述： 1. 持续稳定的发声时间为 2.1 秒↓。 呼吸支持能力、呼吸与发声协调能力存在中度损伤。 2. 声带振动为 439 次/秒↓。 音调及音调控制能力存在轻度损伤。 3. 基频震颤为 5.2 次/秒。 声带振动频率处于正常范围内，无声带神经源性损伤而造成的嗓音障碍。 4. 声带接触率为 72%↑。 声门轻度闭合过度，嗓音音质存在轻度损伤及轻度硬起音。							

语言功能评估表

		0	1	2	3	4	8	9
口语理解（儿童）	词语理解	□	□	□	☑	□	□	□
	句子理解	□	□	□	☑	□	□	□
b16700	对口语信息进行解码以获得其含义的精神功能。							
	信息来源：☑ 病史 □ 问卷调查 ☑ 临床检查 □ 医技检查							
	问题描述： 1. 词语理解得分为 20%↓。 对词语进行正确理解的精神功能存在重度损伤。 2. 句子理解得分为 13.04%↓。 对句子进行正确理解的精神功能存在重度损伤。							

		0	1	2	3	4	8	9
口语表达（儿童）	词语命名	□	□	□	☑	□	□	□
	句式仿说	□	□	□	□	☑	□	□
b16710	产生有意义的口语信息所必需的精神功能。							
	信息来源：☑ 病史 □ 问卷调查 ☑ 临床检查 □ 医技检查							
	问题描述： 1. 词语命名得分为 7.7%↓。 对事物进行正确命名的精神功能存在重度损伤。 2. 句式仿说得分为 0%↓。 对于语法结构的提取和迁移的精神功能存在完全损伤。							

注：在身体功能参与中，0=无损伤，1=轻度损伤，2=中度损伤，3=重度损伤，4=完全损伤；8=未特指，9=不适用。

表 5-4-2　基于 ICF 的言语语言功能报告

患者信息								
姓　名：余某某　　出生日期：2014 年 3 月 15 日　　性别：☑ 男　□ 女								
检查者：杨某某　　评估日期：2018 年 6 月 3 日　　编号：　004								

身体功能，即人体系统的生理功能 损伤程度			无损伤	轻度损伤	中度损伤	重度损伤	完全损伤	未特指	不适用
			0	1	2	3	4	8	9
b3100	嗓音产生	最长声时(MPT)	□	□	☑	□	□	□	□
		言语基频（F_0）	□	☑	□	□	□	□	□
		基频震颤	☑	□	□	□	□	□	□
		声带接触率(CQ)	□	☑	□	□	□	□	□
b16700	口语理解（儿童）	词语理解	□	□	□	☑	□	□	□
		句子理解	□	□	□	☑	□	□	□
b16710	口语表达（儿童）	词语命名	□	□	□	☑	□	□	□
		句式仿说	□	□	□	□	☑	□	□

（六）以"基于 ICF 的言语语言治疗计划表"的形式描述治疗

本案例中，言语治疗师为患者制订了如下治疗计划，如表 5-4-3，根据患者言语呼吸与音调、语言理解与表达的功能评估表或报告表来安排治疗任务及对应的治疗方法。该患者的功能评估结果为最长声时处于 2 级损伤、基频和声带接触率处于 1 级损伤，词语理解、句子理解和词语命名三项处于 3 级损伤，句式仿说这一项处于完全损伤。将该评估结果所得的损伤等级作为治疗计划中的初始值，根据患者的能力及其与家属的期望为患者设立目标值，每次康复后都将康复效果与目标值进行比对，查看是否达到训练目标。当患者完成一次康复或一个阶段的康复后，将身体功能的损伤程度作为最终值，与目标值进行比对，查看是否达到训练目标，同时制订下一阶段的康复或家庭康复的计划。

表 5-4-3　基于 ICF 的言语语言治疗计划表

治疗任务		治疗方法	康复医师	护士	物理治疗师	作业治疗师	言语治疗师	心理工作者	特教教师	初始值	目标值	最终值
言语嗓音功能													
b3100 嗓音产生	最长声时（MPT）	情绪唤醒、发声诱导 言语呼吸控制训练 声时实时反馈训练 起音实时反馈训练					√			2	0	0
	言语基频（F_0）	情绪唤醒、发声诱导 降低音调的训练 音调实时反馈训练					√			1	0	0
	声带接触率（CQ）	气息式发音训练 起音实时反馈训练 电声门图信号 CQ 反馈训练					√			1	0	0
儿童语言功能													
b16700 口语理解	词语理解	通过认识、匹配、指认等方法进行词语理解训练 （1）名词：常见人称、实物、身体部位、动物、常见衣物、常见玩具等 （2）动词：简单动作，如吃、喝、拿等 （3）形容词：外形特征形容词，如大、小等					√			3	1	1
	句子理解	正确理解并指认简单指令以及简单句，如：一步指令、两步指令；无修饰句（主谓宾）、含有一个修饰词（定语/状语/补语）的句子等					√			3	1	2
b16710 口语表达	词语命名	命名词语 （1）名词：常见人称、实物、身体部位、动物、常见衣物、常见玩具等 （2）动词：简单动作，如吃、喝、拿等 （3）形容词：外形特征形容词，如大、小等					√			3	1	1

续表

治疗任务	治疗方法	康复医师	护士	物理治疗师	作业治疗师	言语治疗师	心理工作者	特教教师	初始值	目标值	最终值
b16710 口语表达	句式仿说					能用简单句进行正确表达，如无修饰句（主谓宾）、含有一个修饰词（定语/状语/补语）的句子等 √			4	2	3

（七）通过精准康复表实时监控治疗效果

本案例中，康复治疗师对患者进行每日一次的精准康复，并将每日康复情况记录于表格中。以本案例中的词语理解为例，患者第一次评估后/首次训练后的词语理解能力得分为 7 分，与常模对照，患者损伤程度为 3 级，治疗计划中确定的训练目标值为 1 级，之后每次训练都记录相应的数据，经过数月训练后，患者词语理解得分为 21 分，损伤程度由 3 级改善至 1 级，表明患者的词语理解能力经康复训练后达到目标值。由于患者的其他项目有所提升但尚未达到正常范围，应该继续进行下一阶段的康复或家庭康复，直至达到目标值。

1. 言语嗓音功能精准康复监控

表 5-4-4　言语嗓音功能精准康复记录表

身体功能，即人体系统的生理功能损伤程度		无损伤	轻度损伤	中度损伤	重度损伤	完全损伤	未特指	不适用
		0	1	2	3	4	8	9
b3100	最长声时（MPT）	□	□	☑	□	□	□	□
嗓音产生	言语基频（F_0）	□	☑	□	□	□	□	□
	基频震颤	☑	□	□	□	□	□	□
	声带接触率（CQ）	□	☑	□	□	□	□	□

（1）呼吸功能测量项目：最长声时。

测量工具：言语障碍测量设备（医疗器械分类目录 07 09 05）、言语障碍测量仪软件或者其他。

表 5-4-5　呼吸功能测量

日期	第1次测MPT1	第2次测MPT2	MPT（取较大值）	MPT最小要求	MPT训练目标	相对年龄	腹式呼吸吗	损伤程度	
6月3日	1.9	2.1	2.1	2	3	4	否	初始值	2
								目标值	0
6月4日	2.1	2.3	2.3	2	3	4	否	最终值	1
6月5日	2.6	2.5	2.6	2	3	4	是		1
6月7日	3.5	4.5	4.5	2	3	4	是		0

（2）发声功能测量项目：言语基频。

测量工具：言语障碍测量设备（医疗器械分类目录 07 09 05）、言语障碍测量仪软件或者其他。

表 5-4-6　发声功能测量

日期	言语基频（F_0）	正常范围	基频标准差（F_0SD）	F_0SD状况	实际年龄	相对年龄	损伤程度	
6月3日	439	346—413	19	偏小	4	3	初始值	1
							目标值	0
6月7日	420	346—413	21	正常	4	4	最终值	1
6月19日	400	346—413	24	正常	4	4		0

2. 语言精准康复监控

表 5-4-7　儿童语言精准康复记录表

身体功能，即人体系统的生理功能损伤程度			无损伤	轻度损伤	中度损伤	重度损伤	完全损伤	未特指	不适用
			0	1	2	3	4	8	9
b16700	口语理解（儿童）	词语理解	□	□	□	☑	□	□	□
		句子理解	□	□	□	☑	□	□	□

续表

身体功能，即人体系统的生理功能损伤程度			无损伤	轻度损伤	中度损伤	重度损伤	完全损伤	未特指	不适用
			0	1	2	3	4	8	9
b16710	口语表达（儿童）	词语命名	□	□	□	☑	□	□	□
		句式仿说	□	□	□	□	☑	□	□

（1）口语理解功能测量项目：词语理解。

测量工具：言语障碍康复设备（医疗器械分类目录 19 01 04）、早期语言障碍评估与干预仪软件。

表 5-4-8　口语理解功能测量（词语理解）

日期	词语理解	损伤程度	
6月3日	7	初始值	3
		目标值	1
6月25日	19		1
7月30日	21	最终值	1

（2）口语理解功能测量项目：句子理解。

测量工具：言语障碍康复设备（医疗器械分类目录 19 01 04）、早期语言障碍评估与干预仪软件。

表 5-4-9　口语理解功能测量（句子理解）

日期	句子理解	损伤程度	
6月3日	3	初始值	3
		目标值	1
7月19日	6		2
8月16日	10	最终值	2

（3）口语表达功能测量项目：词语命名。

测量工具：言语障碍康复设备（医疗器械分类目录 19 01 04）、早期语言障碍评估与干预仪软件。

表 5-4-10　口语表达功能测量（词语命名）

日期	词语命名	损伤程度	
6月3日	5	初始值	3
		目标值	1
6月24日	15	最终值	1
8月1日	30		1

（4）口语表达功能测量项目：句式仿说。

测量工具：言语障碍康复设备（医疗器械分类目录 19 01 04）、早期语言障碍评估与干预仪软件。

表 5-4-11　口语表达功能测量（句式仿说）

日期	句式仿说	损伤程度	
6月3日	0	初始值	4
		目标值	2
7月7日	3	最终值	3
8月3日	11		3

（八）以疗效评价表形式描述阶段治疗效果

经过 8 周的训练，康复治疗师对患者进行阶段性评估，并将康复情况进行记录，如表 5-4-12，以了解患者的康复进度。患者通过 8 周的训练后，情况如下。

（1）患者嗓音功能的最长声时和言语基频的损伤程度由 2 级改善至 0 级，达到预期目标值，声带接触率还没有干预。

（2）语言功能中词语理解和词语命名的损伤程度由 3 级改善至 1 级，达到预期目标值，下一阶段应继续进行现治疗计划，直至其损伤程度改善至正常范围。语言功能中句子理解和句式仿说的损伤程度由 3 级、4 级改善为 2 级和 3 级，虽然有所改善，但均未达到预期目标值。

（3）提示后续应调整现治疗计划，合理进行下一阶段的康复或家庭康复，直至达到正常范围。

表 5-4-12 基于 ICF 的言语语言疗效评价表

ICF 类目组合		初期评估					目标值	中期评估（康复__周）					目标达成	末期评估（康复 8 周）					目标达成
		ICF 限定值						干预	ICF 限定值					干预	ICF 限定值				
		问题							问题						问题				
		0	1	2	3	4			0	1	2	3	4		0	1	2	3	4	
言语嗓音功能																				
b3100 嗓音产生	最长声时（MPT）						0													√
	言语基频（F_0）						0													√
b3100 嗓音产生	声带接触率（CQ）						0							无						—
儿童语言功能																				
b16700 口语理解（儿童）	词语理解						1													√
	句子理解						1													—
b16710 口语表达（儿童）	词语命名						1													√
	句式仿说						2													—

言语功能 ICF 核心分类组合在发育迟缓儿童认知障碍中的应用

第五节

本节主要介绍 ICF 在发育迟缓儿童认知障碍中的应用。本案例中的患者除智力障碍外，还伴有认知和语言障碍，在康复中心接受综合康复治疗。本案例讨论了如何在临床实践中针对患者的认知障碍选择恰当的 ICF 核心分类组合，以及如何按照基于 ICF 的认知障碍解决途径，进行评估、计划制订、康复治疗及疗效评价。

（一）案例描述

患者信息：李某某，6 岁 2 个月，轻度发育迟缓，已进行 2 年康复训练。经医技检查和评估后发现，其言语构音处于第 5 阶段，未习得声母有 z、zh、ch、sh；语言方面，能够掌握 50% 以上的名词，对动词的理解和掌握较差，语句句长为 3—5 字；认知方面，能够掌握简单的颜色、图形和数字等基础认知概念，对空间、时间等抽象概念的掌握较差，注意力不集中，容易被无关的刺激干扰。参考评估结果，有必要对李某某进行基础认知知识和注意力、观察力等基本认知能力的训练。从评估次日开始，李某某在某医院康复科认知治疗组接受康复训练。

（二）应用范围和机构

该医院康复科的认知治疗组专门开展各年龄段患者的认知康复工作，包括对听力障碍、智力障碍、发育迟缓、自闭症等认知障碍类型患者进行康复治疗。在该治疗组中，一名康复治疗师根据医生处方对患者进行治疗。除了康复以外，这名治疗师还对患者的功能水平进行准确评估，并将评估结果记入医疗档案,用于制订训练和出院计划。

(三)使用 ICF 核心分类组合的目的

使用 ICF 可以全面描述并评估患者的功能水平,基于功能评估结果制订康复计划,并为出院后的康复计划做准备。

(四)选择恰当的 ICF 核心分类组合

ICF 核心分类组合的选取分为两个步骤:一是选取健康状况或状况群相关的 ICF 核心分类组合,二是选择相应类型的 ICF 核心分类组合及对应的评估指标。为了描述本案例中患者的功能水平,选择了 ICF 核心分类组合中身体功能的第一章特定心智功能。发育迟缓儿童都伴随心智发展的落后,表现为智力的缺陷和语言发育的迟缓等,发育迟缓儿童认知功能的康复需要尽早及时介入。针对本案例中的患者,着重于特定心智功能的康复。特定心智功能的 ICF 核心分类组合可以帮助心理医生、护士、治疗师和其他康复专业人员全面理解心智功能的基本含义,有助于确定患者的康复需求、制订出院计划或转诊至其他康复机构继续接受治疗。

在本案例中,李某某确诊为发育迟缓,在描述患者相关功能问题时,选择了特定心智功能的 ICF 核心分类组合。该 ICF 核心分类组合群组包含了以下健康状况:① 视觉;② 基础认知功能;③ 保持注意力;④ 短时记忆力;⑤ 长时记忆;⑥ 视觉空间觉。

ICF 核心分类组合中特定心智功能的评估均采用认知能力评估与康复训练仪软件。其中 b1561 视觉功能的评估包括颜色、图形、数概念、时间、空间、物体的量,此六项内容均为基础的认知概念,通过评估结果,反映患者基础认知知识的掌握情况;b163 基础认知功能,通过"图形推理"进行测试,以此评估患者获取物体、事件和经历等知识的心智功能;b1400 保持注意力,通过"空间次序"进行测试,以此评估患者在要求时间段内将注意力集中的心智功能;b1440 短时记忆力,通过"动作序列"进行测试,以此评估患者进行短时记忆的心智功能;b163 长时记忆,通过"逻辑类比"进行测试,以此评估患者将短时记忆信息进行长时间存储的能力；b1565 视觉空间觉，用于评估患者通过观察物体在环境中或与自身的相对位置来做出辨别和判断的心智功能。

（五）以"基于ICF的认知功能评估表"的形式描述功能

为了描述李某某的功能水平，将特定心智功能的 ICF 核心分类组合通用组合中的 6 个类目填入患者的功能评估表。相关信息来源于病史、医技检查结果以及对患者的访谈。最后的结果由有临床经验的治疗师利用 ICF 量表进行评估。评估过程中的每个步骤都被记录在案，如表 5-5-1，并形成最终的功能报告，如表 5-5-2。

表 5-5-1 基于 ICF 的认知功能评估表

患者信息
姓　　名：李某某　　出生日期：2012 年 8 月 30 日　　性别：☑ 男 □ 女
检查者：许某某　　评估日期：2018 年 10 月 25 日　　编号：＿＿005＿＿
类型：□ 智障＿＿＿　□ 听障＿＿＿　□ 脑瘫＿＿＿　□ 自闭症＿＿＿　☑ 发育迟缓＿＿＿
□ 失语症＿＿＿＿＿＿＿　□ 神经性言语障碍（构音障碍）＿＿＿＿＿
□ 言语失用症＿＿＿＿＿　□ 其他＿＿＿＿＿＿
主要交流方式：☑ 口语 □ 图片 □ 肢体动作 □ 基本无交流
听力状况：☑ 正常 □ 异常　听力设备：□ 人工耳蜗 □ 助听器 补偿效果＿＿＿＿
进食状况：无明显异常。
言语、语言、认知状况：言语构音目前处于第 5 阶段，未习得声母有 z、zh、ch、sh；语言方面，能够掌握 50% 以上的名词，对动词的理解和掌握较差，语句句长为 3—5 字；认知方面，能够掌握简单的颜色、图形和数字等基础认知概念，对空间、时间等抽象概念的掌握较差，注意力不集中，容易被无关的刺激干扰。
口部触觉感知与运动状况：口部触觉感知正常。

认知功能评估表								
身体功能，即人体系统的生理功能损伤程度			无损伤	轻度损伤	中度损伤	重度损伤	完全损伤	未特指	不适用
			0	1	2	3	4	8	9
b1561	视觉（Visual perception）	颜色	□	☑	□	□	□	□	□
		图形	□	☑	□	□	□	□	□
		数概念	□	☑	□	□	□	□	□
		时间	□	□	☑	□	□	□	□
		空间	□	□	☑	□	□	□	□

续表

认知功能评估表

身体功能,即人体系统的生理功能 损伤程度			无损伤	轻度损伤	中度损伤	重度损伤	完全损伤	未特指	不适用
			0	1	2	3	4	8	9
b1561	视觉（Visual perception）	物体的量	□	□	☑	□	□	□	□
	涉及辨别形状、大小、颜色和其他视觉刺激的精神功能。								
	信息来源：☑ 病史　□ 问卷调查　☑ 临床检查　□ 医技检查								
	问题描述： 　　辨别常见颜色的得分为 6↓，正常范围≥8分，与同龄儿童相比，颜色的视觉感知心智功能存在轻度损伤。 　　辨别常见图形的得分为 7↓，正常范围≥10分，与同龄儿童相比，图形的视觉感知心智功能存在轻度损伤。 　　辨别常见数字的得分为 9↓，正常范围≥12分，与同龄儿童相比，数字的视觉感知心智功能存在轻度损伤。 　　辨别常见时间概念的得分为 3↓，正常范围≥6分，与同龄儿童相比，时间概念的视觉感知心智功能存在中度损伤。 　　辨别常见空间概念的得分为 4↓，正常范围≥8分，与同龄儿童相比，空间概念的视觉感知心智功能存在中度损伤。 　　辨别物体的量的得分为 5↓，正常范围≥8分，与同龄儿童相比，物体的量的视觉感知心智功能存在中度损伤。								
			0	1	2	3	4	8	9
b163	基础认知功能	图形推理	□	□	☑	□	□	□	□
	涉及获取物体、事件和经历的知识的精神功能。组织及应用那些需要心理活动的任务和知识。包括认知发展的功能、推理功能；不包括高水平认知功能。								
	信息来源：☑ 病史　□ 问卷调查　☑ 临床检查　□ 医技检查								
	问题描述： 　　图形推理的得分为 2↓，正常范围≥4分，与同龄儿童相比，基本认知功能存在中度损伤。								
			0	1	2	3	4	8	9
b1400	保持注意力	空间次序	□	□	☑	□	□	□	□
	在要求的时间段内将注意力集中的精神功能。								
	信息来源：☑ 病史　□ 问卷调查　☑ 临床检查　□ 医技检查								
	问题描述： 　　空间次序的得分为 2↓，正常范围≥5分，与同龄儿童相比，注意力功能存在轻度损伤。								

续表

认知功能评估表								
身体功能，即人体系统的生理功能 损伤程度		无损伤	轻度损伤	中度损伤	重度损伤	完全损伤	未特指	不适用
		0	1	2	3	4	8	9
b1440	短时记忆力 动作序列	☐	☑	☐	☐	☐	☐	☐
	产生大约可存储30秒的一种瞬间、可被中断的记忆的精神功能，如果不能巩固进入长时记忆，信息就会被遗忘。							
	信息来源：☑ 病史 ☐ 问卷调查 ☑ 临床检查 ☐ 医技检查							
	问题描述： 　　动作序列的得分为2↓，正常范围≥3分，与同龄儿童相比，短时记忆力功能存在轻度损伤。							
		0	1	2	3	4	8	9
b1441	长时记忆 逻辑类比	☐	☐	☑	☐	☐	☐	☐
	产生一种记忆系统的精神功能，它可以把短时记忆以及对过去事件的情景性记忆和对语言及事实的语义性记忆信息长时间存储。							
	信息来源：☑ 病史 ☐ 问卷调查 ☑ 临床检查 ☐ 医技检查							
	问题描述： 　　逻辑类比的得分为1↓，正常范围≥3分，与同龄儿童相比，长时记忆功能存在中度损伤。							
		0	1	2	3	4	8	9
b1565	视觉空间觉 目标辨认	☐	☑	☐	☐	☐	☐	☐
	涉及通过观察物体在环境中或与自身的相对位置从而做出辨别的精神功能。							
	信息来源：☑ 病史 ☐ 问卷调查 ☑ 临床检查 ☐ 医技检查							
	问题描述： 　　目标辨认的得分为3↓，正常范围≥4分，与同龄儿童相比，视觉空间觉功能存在轻度损伤。							

注：在身体功能参与中，0=无损伤，1=轻度损伤，2=中度损伤，3=重度损伤，4=完全损伤；8=未特指，9=不适用。

表 5-5-2　基于 ICF 的认知功能报告

患者信息					
姓　名：李某某	出生日期：2012年8月30日	性别：☑ 男 ☐ 女			
检查者：许某某	评估日期：2018年10月25日	编号：　　005			

续表

身体功能，即人体系统的生理功能损伤程度			无损伤	轻度损伤	中度损伤	重度损伤	完全损伤	未特指	不适用
			0	1	2	3	4	8	9
b1561	视觉	颜色	☐	☑	☐	☐	☐	☐	☐
		图形	☐	☑	☐	☐	☐	☐	☐
		数概念	☐	☑	☐	☐	☐	☐	☐
		时间	☐	☐	☑	☐	☐	☐	☐
		空间	☐	☐	☑	☐	☐	☐	☐
		物体的量	☐	☐	☑	☐	☐	☐	☐
b163	基础认知功能	图形推理	☐	☐	☑	☐	☐	☐	☐
b1400	保持注意力	空间次序	☐	☐	☑	☐	☐	☐	☐
b1440	短时记忆力	动作序列	☐	☑	☐	☐	☐	☐	☐
b163	长时记忆	逻辑类比	☐	☐	☑	☐	☐	☐	☐
b1565	视觉空间觉	目标辨认	☐	☑	☐	☐	☐	☐	☐

（六）以"基于ICF的认知治疗计划表"的形式描述治疗

本案例中，言语治疗师为患者制订了如下治疗计划，如表5-5-3，根据患者认知功能评估表或认知功能报告安排治疗任务及对应的治疗方法。该患者的评估结果为颜色、图形、数概念、短时记忆力和视觉空间觉这5项处于1级损伤，时间、空间、物体的量以及基础认知功能、保持注意力、长时记忆这6项处于2级损伤。将该评估结果所得的损伤等级作为治疗计划中的初始值，根据患者的能力及其与家属的期望为患者设立目标值，每次康复后都将康复效果与目标值进行比对，查看是否达到训练目标。当患者完成一次康复或一个阶段的康复后，将身体功能的损伤程度作为最终值，同时与目标值进行比对，查看是否达到训练目标，并制订下一阶段的康复或家庭康复的计划。

表 5-5-3 基于ICF的认知治疗计划表

治疗任务		治疗方法	康复医师	护士	物理治疗师	作业治疗师	言语治疗师	心理工作者	特教教师	初始值	目标值	最终值
认知功能												
b1561 视觉	颜色	指认常见颜色训练 命名常见颜色训练					√			1	0	0
	图形	指认常见平面图形与立体图形训练 命名常见平面图形与立体图形训练					√			1	0	0
	数字	按物点数 按数取物 认识基数、序数、相邻数 完成简单数字运算					√			1	0	1
	时间	认识时序、认识年龄发展规律、认识钟表					√			2	1	1
	空间	认识里外、上下、前后、旁边中间、左右					√			2	1	1
	物体的量	认识大小、长短、胖瘦、高矮、粗细、软硬、多少、轻重、深浅、厚薄					√			2	1	2
b163 基础认知功能	基础认知功能	数字推理训练 图形推理训练 序列推理训练 同类匹配训练 异类鉴别训练					√			2	1	1
b1400 注意力	保持注意力	注意稳定训练 注意广度训练 注意分配训练 注意转移训练					√			2	1	2
b1440 记忆力	短时记忆力	短时记忆训练 内涵记忆训练 外部特征记忆训练					√			1	0	0
	长时记忆	形象记忆训练 运动记忆训练					√			2	1	1

续表

治疗任务	治疗方法	康复医师	护士	物理治疗师	作业治疗师	言语治疗师	心理工作者	特教教师	初始值	目标值	最终值
b1565 视觉空间觉（观察力）	视觉空间觉					顺序观察训练 特征观察训练 视觉分割训练 插图观察训练 ✓			1	0	0

（七）通过精准康复表实时监控治疗效果

本案例中，康复治疗师对患者进行每两日一次的精准康复，并将每次康复情况记录于表中，如表 5-5-4。以本案例中视觉功能项目的颜色子项目为例，患者第一评估后/首次训练后颜色项目得分为 6，与常模对照，患者视觉功能中颜色认知的损伤程度为 1 级，治疗计划中确定的训练目标值为 0 级。之后每次训练都记录相应的数据，3 次训练后患者颜色认知得分为 8，损伤程度由 1 级改善至 0 级，表明患者视觉功能中颜色认知功能已经达到训练要求，接下来可进行其他视觉功能的训练，比如图形和数概念等。

表 5-5-4 认知功能精准康复记录表

身体功能，即人体系统的生理功能损伤程度			无损伤	轻度损伤	中度损伤	重度损伤	完全损伤	未特指	不适用
			0	1	2	3	4	8	9
b1561	视觉	颜色	☐	☑	☐	☐	☐	☐	☐
		图形	☐	☑	☐	☐	☐	☐	☐
		数概念	☐	☑	☐	☐	☐	☐	☐
		时间	☐	☐	☑	☐	☐	☐	☐
		空间	☐	☐	☑	☐	☐	☐	☐
		物体的量	☐	☐	☑	☐	☐	☐	☐
b163	基础认知功能	图形推理	☐	☐	☑	☐	☐	☐	☐

续表

身体功能，即人体系统的生理功能损伤程度			无损伤	轻度损伤	中度损伤	重度损伤	完全损伤	未特指	不适用
			0	1	2	3	4	8	9
b1400	保持注意力	空间次序	□	□	☑	□	□	□	□
b1440	短时记忆力	动作序列	□	☑	□	□	□	□	□
b163	长时记忆	逻辑类比	□	□	☑	□	□	□	□
b1565	视觉空间觉	目标辨认	□	☑	□	□	□	□	□

（1）视觉功能测量项目：颜色。

测量工具：认知障碍康复设备（医疗器械分类目录 19 01 01）、认知能力评估与康复训练仪软件或其他。

表 5-5-5 视觉功能测量（颜色）

日期	颜色指认得分	颜色命名得分	损伤程度	
2018年6月10日		7	初始值	1
			目标值	0
2018年6月12日		8	最终值	0
2018年6月14日		9		

注：根据患儿情况，选择"指认"与"命名"其中一个形式完成测试。

（2）视觉功能测量项目：图形。

测量工具：认知障碍康复设备（医疗器械分类目录 19 01 01）、认知能力评估与康复训练仪软件或其他。

表 5-5-6 视觉功能测量（图形）

日期	图形指认得分	图形命名得分	损伤程度	
2018年6月10日	7		初始值	1
			目标值	0
2018年6月12日	8		最终值	0
2018年6月14日	9			

注：根据患儿情况，选择"指认"与"命名"其中一个形式完成测试。

（3）视觉功能测量项目：数概念。

测量工具：认知障碍康复设备（医疗器械分类目录 19 01 01）、认知能力评估与康复训练仪软件或其他。

表 5-5-7 视觉功能测量（数概念）

日期	数概念	损伤程度	
2018 年 6 月 22 日	9	初始值	1
		目标值	0
2018 年 6 月 24 日	10	最终值	0
2018 年 6 月 26 日	12		

（4）视觉功能测量项目：时间。

测量工具：认知障碍康复设备（医疗器械分类目录 19 01 01）、认知能力评估与康复训练仪软件或其他。

表 5-5-8 视觉功能测量（时间）

日期	时间	损伤程度	
2018 年 7 月 5 日	3	初始值	2
		目标值	1
2018 年 7 月 7 日	4	最终值	1
2018 年 7 月 9 日	5		

（5）视觉功能测量项目：空间。

测量工具：认知障碍康复设备（医疗器械分类目录 19 01 01）、认知能力评估与康复训练仪软件或其他。

表 5-5-9 视觉功能测量（空间）

日期	空间	损伤程度	
2018 年 7 月 12 日	4	初始值	2
		目标值	1
2018 年 7 月 14 日	5	最终值	1
2018 年 7 月 16 日	6		

（6）视觉功能测量项目：物体的量。

测量工具：认知障碍康复设备（医疗器械分类目录 19 01 01）、认知能力评估与康复训练仪软件或其他。

表 5-5-10　视觉功能测量（物体的量）

日期	物体的量	损伤程度	
2018 年 7 月 20 日	4	初始值	2
		目标值	1
2018 年 7 月 22 日	5	最终值	1
2018 年 7 月 24 日	5		

（7）基本认知功能测量项目：图形推理。

测量工具：认知障碍康复设备（医疗器械分类目录 19 01 01）、认知能力评估与康复训练仪软件或其他。

表 5-5-11　基本认知功能测量（图形推理）

日期	图形推理	损伤程度	
2018 年 8 月 1 日	2	初始值	2
		目标值	1
2018 年 8 月 2 日	3	最终值	1
2018 年 8 月 3 日	3		

（8）保持注意力测量项目：空间次序。

测量工具：认知障碍康复设备（医疗器械分类目录 19 01 01）、认知能力评估与康复训练仪软件或其他。

表 5-5-12　保持注意力测量（空间次序）

日期	空间次序	损伤程度	
2018 年 8 月 6 日	2	初始值	2
		目标值	1
2018 年 8 月 8 日	3	最终值	1
2018 年 8 月 10 日	3		

（9）短时记忆力测量项目：动作序列。

测量工具：认知障碍康复设备（医疗器械分类目录 19 01 01）、认知能力评估与康复训练仪软件或其他。

表 5-5-13 短时记忆力测量（动作序列）

日期	动作序列	损伤程度	
2018 年 8 月 15 日	2	初始值	1
		目标值	0
2018 年 8 月 17 日	3		
2018 年 8 月 19 日	3	最终值	0

（10）长时记忆测量项目：逻辑类比。

测量工具：认知障碍康复设备（医疗器械分类目录 19 01 01）、认知能力评估与康复训练仪软件或其他。

表 5-5-14 长时记忆测量（逻辑类比）

日期	逻辑类比	损伤程度	
2018 年 8 月 22 日	1	初始值	2
		目标值	1
2018 年 8 月 24 日	2		
2018 年 8 月 26 日	2	最终值	1

（11）视觉空间觉测量项目：目标辨认。

测量工具：认知障碍康复设备（医疗器械分类目录 19 01 01）、认知能力评估与康复训练仪软件或其他。

表 5-5-15 视觉空间测量（目标辨认）

日期		损伤程度	
2018 年 8 月 30 日	3	初始值	1
		目标值	0
2018 年 9 月 1 日	4		
2018 年 9 月 3 日	4	最终值	0

（八）以疗效评价表形式描述阶段治疗效果

经过 8 周的训练后，康复治疗师对患者进行阶段性评估，并将康复情况记录于表中，如表 5-5-16，以了解患者的康复进度。

患者通过 8 周的训练后，情况如下。

（1）患者视觉功能中颜色、图形认知的损伤程度由 1 级改善至 0 级，达到预期目标值；数概念的损伤程度尚未发生明显改变，仍须继续进行干预。

（2）患者基础认知功能的损伤程度由 2 级改善至 1 级，达到预期目标值。

（3）提示后续仍须调整现治疗计划，进行下一阶段的康复或家庭康复，直至达到正常范围。

表 5-5-16　基于 ICF 的认知疗效评价表

ICF 类目组合		初期评估 ICF 限定值 问题					目标值	中期评估（康复__周）						目标达成	末期评估（康复 8 周）						目标达成
		0	1	2	3	4		干预	0	1	2	3	4		干预	0	1	2	3	4	
认知功能																					
b1561 视觉功能	颜色						0														√
	图形						0														√
	数概念						0														—
b163 基础认知功能	图形推理						1														√

言语功能 ICF 核心分类组合在听障儿童嗓音与言语障碍中的应用

本节主要介绍 ICF 在听障儿童嗓音与言语障碍中的应用。听障儿童除了存在听力障碍外，还伴随言语语言障碍，须在康复科或康复中心进行言语语言康复治疗。本案例讨论了如何在临床实践中针对患儿的嗓音与言语障碍选择恰当的 ICF 核心分类组合，以及如何按照基于 ICF 的言语语言障碍干预途径，进行评估、计划制订、康复治疗及疗效评价。

（一）案例描述

患者信息：李某某，6 岁 6 个月，先天性极重度感音神经性耳聋。2 年前双耳植入人工耳蜗，听力重建效果为最适。经一年康复训练后，能进行部分口语沟通，家属反映该患者说话时存在怪声怪调、口齿不清等问题。经医技检查和评估后发现，患者存在异常停顿、高音调、硬起音、粗糙声等情况，构音处于第一阶段，仅习得声母 b、m、d、h，语言能力方面已掌握句子的理解与表达，认知各项功能基本发育正常，有必要为李某某进行嗓音、构音以及语言康复训练。从评估次日开始，李某某在某中心康复科言语语言治疗组进行康复训练。

（二）应用范围和机构

该中心的言语治疗组专门负责各年龄段患者的言语语言康复工作，包括对听力障碍、智力障碍、嗓音障碍、失语症、神经性言语障碍等言语语言障碍类型患者进行康复治疗。该中心两名言语治疗师根据医生处方对患者进行治疗。除了治疗以外，这两名治疗师还对患者的功能水平进行准确评估，并将评估结果记入医疗档案，用于制订训练和出院计划。

（三）使用ICF核心分类组合的目的

使用言语功能ICF核心分类组合可以全面描述并评估患者的功能水平，基于功能评估结果制订治疗计划，并为出院后的康复计划做准备。

（四）选择恰当的ICF核心分类组合

言语ICF核心分类组合的选取分为两个步骤：一是选取健康状况或状况群相关的ICF核心分类组合，二是选择相应类型的ICF核心分类组合及对应的评估指标。为了描述本案例中患者的功能水平，选择了ICF核心分类组合中身体功能的第三章嗓音和言语功能。听力障碍儿童听力补偿或重建后的言语功能康复需要及时介入，因此训练中着重于嗓音和言语产生功能的康复。嗓音和言语功能的ICF核心分类组合可以帮助心理医生、护士、治疗师和其他康复专业人员全面理解嗓音和言语功能的基本含义，有助于确定患者的康复需求、制订出院计划或转诊至其他康复机构继续接受治疗。

本案例中，李某某患有先天性耳聋，虽然患者进行了双侧人工耳蜗植入手术，但是听力重建效果良好。在描述患者相关的功能问题时，选择了嗓音和言语功能的ICF核心分类组合。该ICF核心分类组合群组包含了以下健康状况项目：① 嗓音的产生；② 嗓音音质。

（五）以"基于ICF的言语语言功能评估表"的形式描述功能

为了描述李某某的功能水平，将言语语言功能的ICF核心分类组合中的2个类目填入患者的功能记录表格。相关信息来源于病史、医技检查结果以及对患者的访谈。最后的结果由有临床经验的治疗师利用ICF量表进行评估。评估过程中的每个步骤都被记录在案，如表5-6-1，并形成最终的功能报告，如表5-6-2。

针对本案例中李某某呼吸方面存在停顿异常的现象，发声方面存在音调过高、硬起音和粗糙声的问题，主要选取"b3100 嗓音产生"中的最长声时、言语基频、基频震颤和声带接触率、接触率微扰来进行功能评估。针对李某某嗓音音质的情况，主要选取"b3101 嗓音音质"中的基频微扰来进行功能评估。对以上 5 个项目的评估结果及损伤程度的描述如表 5-6-1。上述各项功能均有对应的正常值参考范围，将康复治疗师对患者评估的结果与正常值参考范围比对后判断患者各项功能损伤程度，并对其进行问题描述。

表 5-6-1　基于 ICF 的言语语言功能评估表

患者信息			
姓　名：<u>李某某</u>	出生日期：<u>2012 年 3 月 10 日</u>		性别：☑ 男　☐ 女
检查者：<u>张某某</u>	评估日期：<u>2018 年 9 月 2 日</u>		编号：<u>　006　</u>
类型：☐ 智障_____　☑ 听障_____　☐ 脑瘫_____　☐ 自闭症_____　☐ 发育迟缓_____			
☐ 失语症_____　　☐ 神经性言语障碍（构音障碍）_____			
☐ 言语失用症_____　☐ 其他_____			
主要交流方式：☑ 口语　☐ 图片　☐ 肢体动作　☐ 基本无交流			
听力状况：☐ 正常　☐ 异常　　听力设备：☑ 人工耳蜗　☐ 助听器　补偿效果_____			
进食状况：<u>正常</u>。			
言语、语言、认知状况：<u>言语嗓音方面，存在异常停顿、高音调、硬起音、粗糙声的情况；言语构音方面，构音第二阶段 p/k/n 尚未习得；语言方面，能掌握句子的理解；认知各项功能基本发育正常。</u>			
口部触觉感知与运动状况：<u>良好</u>。			

言语嗓音功能评估表								
身体功能，即人体系统的生理功能 损伤程度			无损伤	轻度损伤	中度损伤	重度损伤	完全损伤	未特指	不适用
			0	1	2	3	4	8	9
b3100	嗓音产生（Production of voice）	最长声时（MPT）	☐	☐	☑	☐	☐	☐	☐
		言语基频（F_0）	☐	☐	☑	☐	☐	☐	☐
		声带接触率（CQ）	☐	☑	☐	☐	☐	☐	☐
		接触率微扰（CQP）	☐	☑	☐	☐	☐	☐	☐
	通过喉及其周围肌肉与呼吸系统配合产生声音的功能，包括发声功能，音调、响度功能。 功能受损时表现为失声、震颤、发声困难等。							
	信息来源：☑ 病史　☐ 问卷调查　☑ 临床检查　☐ 医技检查							

续表

b3100	问题描述： 1. 持续稳定的发声时间为 5.1 秒↓，相对年龄 5 岁。 呼吸支持能力、呼吸与发声协调能力存在中度损伤。 2. 持续、旋转地发 1 或 5 的最长时间为 4.4 秒↓，相对年龄 5 岁。 呼吸与发声协调能力、言语呼吸控制能力存在中度损伤。 3. 声带振动为 448 次/秒↑，相对年龄 4 岁。 音调及音调控制能力存在中度损伤。 4. 声带接触率为 75%↑。 声门轻度闭合过度，嗓音音质存在轻度损伤及轻度硬起音。 5. 接触率微扰为 3.5%↑。 声门闭合轻度不规律，声带存在轻度的振动失调。 进一步描述： 1. 呼吸功能方面。 最长声时为 5.1 秒，说明该患者的呼吸支持能力不足，较正常儿童发育迟缓 1 年，建议进行言语腹式呼吸训练、最长声时训练、逐字增加句长法训练等，以提高患者的呼吸支持能力。 最大数数能力为 4.4 秒，说明该患者呼吸与发声不协调，较正常儿童发育迟缓 1 年，建议进行拟声法训练、唱音法训练、哼音训练等，以提高患者的呼吸与发声协调能力。 2. 发声功能方面。 言语基频为 448 Hz，说明该患者存在高音调问题，较正常儿童发育迟缓 2 年，建议进行声带放松训练、乐调匹配法训练（降调）、音调梯度法训练（降调）等，以提高患者的音调控制能力。 声带接触率为 75%，说明该患者声门闭合过度，可能存在硬起音问题，建议进行声带放松训练、气息式发音训练等，以改善患者声门闭合过度或硬起音的问题。 接触率微扰为 3.5%，说明该患者声带振动失调，建议进行发声放松训练、哼音训练等，以提高患者声带振动的规律性。

			0	1	2	3	4	8	9
b3101	嗓音音质 （Quality of voice）	基频微扰 （Jitter）	□	☑	□	□	□	□	□
	产生嗓音特征的功能，包括谐波特征、共鸣和其他特征。 功能受损时表现为鼻音功能亢进或鼻音功能低下，发声困难，嘶哑声或粗糙声、气息声等。									
	信息来源：☑ 病史　□ 问卷调查　☑ 临床检查　□ 医技检查									
	问题描述： 基频微扰为 0.68%↑。 嗓音音质存在轻度损伤，存在轻度的粗糙声或嘶哑声。 进一步描述： 在发声功能方面，基频微扰为 0.68%，说明该患者存在嗓音音质损伤，结合主观听感可知患者存在粗糙声，建议进行发声放松训练、吟唱法训练等，以改善患者的粗糙声问题，提高嗓音音质。									

注：在身体功能参与中，0= 无损伤，1= 轻度损伤，2= 中度损伤，3= 重度损伤，4= 完全损伤；8= 未特指，9= 不适用。

表 5-6-2 基于 ICF 的言语语言功能报告

患者信息							
姓　名：李某某		出生日期：2012 年 3 月 10 日			性别：☑男 □女		
检查者：张某某		评估日期：2018 年 9 月 2 日			编号：　006		
身体功能，即人体系统的生理功能损伤程度		无损伤 0	轻度损伤 1	中度损伤 2	重度损伤 3	完全损伤 4	未特指 8	不适用 9
b3100	嗓音产生（Production of voice）	最长声时（MPT）	□	□	☑	□	□	□	□
		言语基频（F_0）	□	□	☑	□	□	□	□
		声带接触率（CQ）	□	☑	□	□	□	□	□
		接触率微扰（CQP）	□	☑	□	□	□	□	□
b3101	嗓音音质	基频微扰（Jitter）	□	☑	□	□	□	□	□

（六）以"基于 ICF 的言语语言治疗计划表"的形式描述治疗

本案例中，言语治疗师为患者制订了如下治疗计划，如表 5-6-3，根据患者嗓音与言语康复的功能评估表或报告安排治疗任务及对应的治疗方法。该患者的功能评估结果为最长声时、言语基频处于 2 级损伤，声带接触率、接触率微扰、粗糙声处于 1 级损伤。将该评估结果所得的损伤等级作为治疗计划中的初始值，根据患者的能力及其与家属的期望为患者设立目标值，每次康复后都将康复效果与目标值进行比对，查看是否达到训练目标。当患者完成一次康复或一个阶段的康复后，将其身体功能的损伤程度作为最终值，与目标值进行比对，查看是否达到训练目标，并制订下一阶段的康复或家庭康复的计划。

表 5-6-3 基于 ICF 的言语语言治疗计划表

治疗任务	治疗方法	康复医师	护士	物理治疗师	作业治疗师	言语治疗师	心理工作者	特教教师	初始值	目标值	最终值
言语嗓音功能											
b3100 嗓音产生	最长声时（MPT）	情绪唤醒、发声诱导 言语呼吸控制训练 声时实时反馈训练 起音实时反馈训练					√			2	0	1
	言语基频（F_0）	情绪唤醒、发声诱导 降低音调的训练 音调实时反馈训练					√			2	0	1
	声带接触率（CQ）	气息式发音训练 起音实时反馈训练 电声门图信号 CQ 反馈训练					√			1	0	0
b3101 嗓音音质	接触率微扰（CQP）	发声放松训练 提高声带振动规律性训练 音调实时反馈训练 电声门图信号 CQ 反馈训练					√			1	0	0
	基频微扰（Jitter）	情绪唤醒、发声诱导 声带放松训练 提高音质训练 清浊音实时反馈训练 声学信号 Jitter 反馈训练					√			1	0	0

（七）通过短期目标监控表实时监控治疗效果

本案例中，康复治疗师对患者进行每日一次的短期目标监控，并将每日康复情况记录于表中，如表 5-6-4。以本案例中的最长声时为例，患者第一次评估后/首次训练后最长声时为 5.1 s，与常模对照，损伤程度为 2 级，治疗计划中确定的训练目标值为 0 级。之后每次训练都记录相应的数据，经过 4 次训练后患者最长声时为 6.1 s，损伤程度由 2 级改善至 1 级，表明患者的呼吸支持能力经康复训练后有所提升，但未达到训练目标。由于患者存在一些项目有所提升但尚未达到正常范围的情况，应该继续进行下一阶段的康复或家庭康复,直至达到目标值。

表 5-6-4　言语嗓音功能精准康复记录表

身体功能,即人体系统的生理功能损伤程度			无损伤	轻度损伤	中度损伤	重度损伤	完全损伤	未特指	不适用
			0	1	2	3	4	8	9
b3100	嗓音产生	最长声时（MPT）	□	□	☑	□	□	□	□
		言语基频（F_0）	□	□	☑	□	□	□	□
		声带接触率（CQ）	□	☑	□	□	□	□	□
		接触率微扰（CQP）	□	☑	□	□	□	□	□
b3101	嗓音音质	基频微扰（Jitter）	□	☑	□	□	□	□	□

（1）呼吸功能测量项目：最长声时。

测量工具：言语障碍测量设备（医疗器械分类目录 07 09 05）、言语障碍测量仪软件或者其他。

表 5-6-5　呼吸功能测量

日期	第1次测MPT1	第2次测MPT2	MPT（取较大值）	MPT状况（偏小、正常）	MPT最小要求	MPT训练目标	相对年龄	腹式呼吸吗	损伤程度	
9月3日	4.5	5.1	5.1	偏小	6.7	5	6	否	初始值	2
									目标值	0
9月4日	4.7	5.2	5.2	偏小	6.7	5	6	否	最终值	2
9月5日	5	5.6	5.6	偏小	6.7	5	6	是		1
9月6日	6.1	5.8	6.1	偏小	6.7	5	6	是		1

（2）发声功能测量项目：言语基频。

测量工具：言语障碍测量设备（医疗器械分类目录 07 09 05）、言语障碍测量仪软件或者其他。

表 5-6-6　发声功能测量

日期	言语基频（F_0）	F_0 状况（↓/正常/↑）	F_0 标准差（F_0SD）	F_0SD 状况（偏小/正常/偏大）	相对年龄	实际年龄	是否音调正常	损伤程度	
9月3日	440	↑	80	偏大	3	6	高音调	初始值	2
								目标值	0
9月4日	420	↑	76	偏大	3	6	高音调	最终值	2
9月5日	400	↑	68	偏大	3	6	高音调		1
9月6日	385	↑	50	偏大	4	6	高音调		1

（3）嗓音功能测量项目：基频微扰。

测量工具：言语障碍测量设备（医疗器械分类目录 07 09 05）、嗓音功能测量仪软件或者其他。

表 5-6-7　嗓音功能测量

日期	基频微扰（Jitter）	幅度微扰（Shimmer）	声门噪声（NNE）	听感评估是否嗓音漏气		损伤程度		
						Jit	Shim	NNE
9月3日	0.68%	2.5%	-15.8	否	初始值	1	0	0
					目标值	0		
9月4日	0.65%	2.1%	-14.5	否	最终值	1		
9月5日	0.64%	1.8%	-10.3	否		1		
9月6日	0.59%	2.2%	-12.5	否		0		

（4）喉功能测量项目：声带接触率、声带接触率微扰。

测量工具：电声门图仪（医疗器械分类目录 07 05 02）、EGG-4 或者其他。

表 5-6-8　喉功能测量

日期	尽可能响地发 /æ/ 音，类似英文发音			听感评估	损伤程度	
	声带接触率（CQ）	声带接触幂（CI）	声门闭合程度	是否挤压喉咙		
9月3日	75%	-0.53%	0	是	初始值	1
					目标值	0

续表

日期	声带接触率（CQ）	声带接触幂（CI）	声门闭合程度	是否挤压喉咙	损伤程度	
9月4日	74.1%	−0.58%	0	是	最终值	1
9月5日	72.8%	−0.51%	0	否		1
9.6	70.5%	−0.89%	0	否		0

日期	声带接触率微扰（CQP）	声带接触幂微扰（CIP）	声带振动规律性	是否声带振动失调	损伤程度	
9月3日	3.5%	2.15%	1	是	初始值	1
					目标值	0
9月4日	3.5%	2.37%	1	是	最终值	1
9月5日	3.3%	2.14%	1	否		1
9月6日	2.8%	2.51%	0	否		0

（八）以疗效评价表的形式描述阶段治疗效果

本案例中，经过 1 周的训练，康复治疗师对患者进行阶段性评估，并将康复情况记录于表中，如表 5-6-9，以了解患者的康复进度。

患者通过 1 周的训练后，情况如下。

（1）患者嗓音功能中的最长声时和言语基频的损伤程度由 2 级改善为 1 级，虽然有所改善，但均未达到预期目标值，下一阶段应着重于患者呼吸支持能力与音调控制能力的训练，直至其损伤程度改善至正常范围。声带接触率和粗糙声的损伤程度由 1 级改善至 0 级，达到预期目标值与正常范围。

（2）提示后续仍应调整现治疗计划，进行下一阶段的康复或家庭康复，直至达到正常范围。

表 5-6-9 基于 ICF 的言语嗓音疗效评价表

ICF 类目组合		初期评估 ICF 限定值 问题					目标值	中期评估（康复__周）						目标达成	末期评估（康复 1 周）						目标达成
								干预	ICF 限定值 问题						干预	ICF 限定值 问题					
		0	1	2	3	4			0	1	2	3	4			0	1	2	3	4	
言语嗓音功能																					
b3100 嗓音产生	最长声时（MPT）						0														—
	言语基频（F_0）						0														—
	声带接触率（CQ）						0														√
	接触率微扰（CQP）						0														√
b3101 嗓音音质	基频微扰（Jitter）						0														√

REFERENCES
主要参考文献

一、中文文献

[1] [美] Bonald B. Freed. 运动性言语障碍诊断与治疗（第二版）[M]. 陈雅资，译. 台北：合记图书出版社，2014.

[2] [德] Jerome Bickenbach, Alarcos Cieza, Alexandra Rauch, 等. ICF核心分类组合临床实践手册 [M]. 邱卓英，励建安，吴弦光，主译. 北京：人民军医出版社，2013.

[3] 黄昭鸣，朱群怡，卢红云. 言语治疗学 [M]. 上海：华东师范大学出版社，2017.

[4] 卢红云，黄昭鸣. 口部运动治疗学 [M]. 上海：华东师范大学出版社，2010.

[5] 万勤. 言语科学基础 [M]. 上海：华东师范大学出版社，2016.

[6] 张茂林，杜晓新. 特殊儿童认知训练 [M]. 南京：南京师范大学出版社，2015.

[7] Alexandra Rauch A, Alarcos Cieza, Gerold Stucki, 等. 如何将国际功能、残疾和健康分类应用于临床康复管理 [J]. 中国康复理论与实践，2011，17（1）：32-38.

[8] 白银婷，杜晓新，卢红云. 特殊儿童早期认知能力干预方法 [J]. 社会福利，2011（9）：44-45.

[9] 白银婷，唐文婷. 3—5岁听障儿童与健听儿童形容词理解能力的比较研究 [J]. 中国特殊教育，2012（4）：32-35.

[10] 陈彦，孙喜斌，杜晓新，等. 学龄前听障儿童五项认知能力的研究 [J]. 听力学及言语疾病杂志，2011，19（5）：413-416.

[11] 杜晓新，王蕾，卢红云，等. 共鸣障碍评估的原理与方法 [J]. 中国听力语言康复科学杂志，2011（3）：66-69.

[12] 高晓慧，万勤，惠芬芬，等. 不同语言任务下4—7岁听障儿童的言语流畅性特征 [J]. 中国特殊教育，2015（10）：27-32.

[13] 龚齐, 沈伟, 黄昭鸣, 等. 896例成人嗓音声学参数的计算机采集分析 [J]. 听力学及言语疾病杂志, 2000, 8 (1): 34-36.

[14] 黄昭鸣, 白银婷, 罗朝龙. 响度梯度训练法矫治听障儿童响度低下障碍的个案研究 [J]. 中国听力语言康复科学杂志, 2010 (4): 63-65.

[15] 黄昭鸣, 杜晓新, 万萍, 等. 国人儿童口腔轮替运动速率参考标准的制订 [J]. 听力学及言语疾病杂志, 2005, 13 (6): 400-403.

[16] 黄昭鸣, 范梦媞. 舌运动障碍评估与治疗的个案研究 [J]. 中国听力语言康复科学杂志, 2009 (4): 64-68.

[17] 黄昭鸣, 籍静媛. 实时反馈技术在言语矫治中的应用 [J]. 中国听力语言康复科学杂志, 2004 (6): 35-39.

[18] 黄昭鸣, 李孝洁, 张伟锋, 等. 特殊需要儿童语言干预的理论与实践 [J]. 中国听力语言康复科学杂志, 2008 (5): 64-69.

[19] 黄昭鸣, 刘颖春, 白银婷, 等. 唇运动障碍评估与治疗的个案研究 [J]. 中国听力语言康复科学杂志, 2010 (3): 65-67.

[20] 黄昭鸣, 沈吉, 白银婷, 等. 下颌运动障碍评估与治疗的个案研究 [J]. 中国听力语言康复科学杂志, 2010 (2): 65-67.

[21] 黄昭鸣, 施雅丹, 张磊. 塞音构音障碍个案研究 [J]. 中国听力语言康复科学杂志, 2009 (1): 68-71.

[22] 黄昭鸣, 孙悱郡, 白银婷. 快速用力呼气法对发育迟缓儿童言语呼吸支持不足矫治的个案研究 [J]. 中国听力语言康复科学杂志, 2010 (6): 64-66.

[23] 黄昭鸣, 万萍. 嗓音声学参数与嗓音音质的相关研究 [J]. 临床耳鼻咽喉头颈外科杂志, 2008, 22 (6): 251-255.

[24] 黄昭鸣, 万萍, 蔡红霞. 言语音调障碍的测量及矫治对策 [J]. 中国听力语言康复科学杂志, 2005 (6): 29-32.

[25] 纪静丽, 李欣, 侯梅, 等. 脑性瘫痪患儿口运动与构音障碍特征及其临床评定 [J]. 中国康复理论与实践, 2015, 21 (4): 479-482.

[26] 万萍, 黄昭鸣, 周红省. 口咽腔共鸣障碍患儿测量与矫治的个案研究 [J]. 听力学及言语疾病杂志, 2008, 16 (4): 332-333.

[27] 李大红, 赵云峰. 言语及发声障碍患者矫治效果分析 [J]. 听力学及言语疾病杂志, 2006, 14 (6): 465-466.

[28] 李宁, 黄昭鸣, 周林灿, 等. 3—5岁听障儿童鼻音障碍特征及康复训练研究 [J]. 中国特殊教育, 2012 (9): 24-29.

[29] 李胜利，张庆苏，卫冬洁，等.运动性构音障碍言语、声学及疗效的研究 [J].中国康复理论与实践，2006，12（7）：591-592.

[30] 李孝洁，杜青，万萍，等.儿童词语理解能力测验的编制及其信度与效度研究 [J].中国康复医学杂志，2011（4）：319-322.

[31] 刘巧云，范顺娟，段弘艳，等.儿童语言习得的基础理论及其对语言康复的启示 [J].中国听力语言康复科学杂志，2015，13（5）：387-389.

[32] 卢红云，黄昭鸣，白银婷，等.听力正常成年男性单元音构音运动的声学参数研究 [J].临床耳鼻咽喉头颈外科杂志，2011，25（9）：406-408.

[33] 卢红云，黄昭鸣.构音运动定量测量及其临床应用研究 [J].中国听力语言康复科学杂志，2010（4）：66-69.

[34] 卢红云，黄昭鸣，张蕾，等.下颌元音构音运动定量测量的实验研究 [J].中国特殊教育，2011（4）：48-52.

[35] 罗佳，庄佩耘，张天宇，等.帕金森病患者的言语障碍及励-协夫曼言语治疗的应用 [J].听力学及言语疾病杂志，2007，15（6）：502-505.

[36] 庞子建，李胜利.运动性构音障碍言语、声学、共鸣水平机制及康复疗效研究 [J].中国康复理论与实践，2009，15（5）：449-452.

[37] 邱卓英，陈迪.基于ICF的残疾和康复信息标准体系及其应用研究 [J].中国康复理论与实践，2014，20（6）：501-507.

[38] 邱卓英，荀芳.基于ICF的康复评定工具开发与标准化研究 [J].中国康复理论与实践，2011，17（2）：101-105.

[39] 邱卓英.《国际功能、残疾和健康分类》研究总论 [J].中国康复理论与实践，2003，9（1）：2-5.

[40] 司博宇，高栋，周林灿，等.基于声控游戏的儿童言语障碍康复系统设计 [J].现代教育技术，2013，23（5）：103-107.

[41] 万萍，黄昭鸣，魏霜，等.鼻音功能异常聋儿的评估与矫治个案研究 [J].听力学及言语疾病杂志，2008，16（2）：152-153.

[42] 万勤，陈守华，黄昭鸣.呼吸方式对3—6岁健听和听障儿童最长声时与最大数数能力的影响 [J].听力学及言语疾病杂志，2011，19（6）：506-508.

[43] 万勤，张蕾，黄昭鸣，等.特殊儿童言语干预的理论与实践 [J].中国特殊教育，2007（10）：41-47.

[44] 王衍龙，黄昭鸣，万萍.最长声时测量在聋儿言语呼吸中的指导意义 [J].中国听力语言康复科学杂志，2004（3）：10-13.

[45] 王勇丽, 万勤, 潘雪珂, 等. 学龄期痉挛型脑瘫儿童汉语声韵特征及其与口部运动的相关性[J]. 中华物理医学与康复杂志, 2017, 39（2）: 105-108.

[46] 易海燕, 杜晓新, 黄昭鸣, 等. 学前聋儿认知能力的评估及训练[J]. 中国听力语言康复科学杂志, 2007（2）: 41-45.

[47] 于国华, 吴芬, 李俊. 综合语言康复治疗对运动性构音障碍的疗效[J]. 实用临床医学, 2015（5）: 61-64.

[48] 赵航, 刘巧云, 严舒, 等. 韵母对送气塞音"音位对识别"的影响及教育干预启示[J]. 中国特殊教育, 2013（2）: 36-40.

[49] 郑钦, 沈敏, 何龙文. 口部运动治疗对脑瘫患儿构音障碍的疗效观察[J]. 中国康复理论与实践, 2012, 18（4）: 360-361.

二、英文文献

[1] Fontoura D R D, Rodrigues J D C, Brandão L, et al. Efficacy of the Adapted Melodic Intonation Therapy: A Case Study of a Broca`s Aphasia Patient[J].Disturb.Comun, 2014, 26（4）:641-655.

[2] Frieg H, Muehlhaus J, Ritterfeld U, et al. ISi-Speech: A Digital Training System for Acquired Dysarthria[J]. Studies in Health Technology and Informatics, 2017（242）:330-334.

[3] Mathieson L, Hirani S P, Epstein R, et al. Laryngeal Manual Therapy: A Preliminary Study to Examine its Treatment Effects in the Management of Muscle Tension Dysphonia [J]. Journal of Voice, 2009, 23（3）:353-366.

[4] Nemr K, Simões-Zenari, Souza G S D, et al. Correlation of the Dysphonia Severity Index（DSI）, Consensus Auditory-Perceptual Evaluation of Voice（CAPE-V）, and Gender in Brazilians With and Without Voice Disorders[J]. Journal of Voice, 2016, 30（6）:765.e7-765.e11.

[5] Ogawa Makoto, Kiyohito Hosokawa, Misao Yoshida, et al. Immediate Effectiveness of Humming on the Supraglottic Compression in Subjects with Muscle Tension Dysphonia[J]. Folia Phoniatrica et Logopaedica:Official Organ of the International Association of Logopedics and Phoniatris（IALP）, 2013, 65（3）:123-128.

[6] Rauch A, Cieza A, Stucki G. How to Apply the International Classification of Functioning, Disability and Health (ICF) for Rehabilitation Management in Clinical Practice[J]. European Journal of Physical and Rehabilitation Medicine, 2008, 44 (3):329–342.

[7] Silva C A, Motta M E. The Use of Abdominal Muscle Training, Breathing Exercises and Abdominal Massage to Treat Pediatric Chronic Functional Constipation [J]. Colorectal Disease, 2013, 15 (5):250–255.

[8] Threats, Travis T. Use of the ICF for Clinical Practice in Speech-language Pathology [J]. International Journal of Speech-Language Pathology, 2008, 10 (1): 50–60.